AF461403

Autant de lecture que dans un volume à 9 francs pour

95 cent.

l'ouvrage complet illustré

GEORGES PRADEL

L'OBSTACLE

F. ROUFF, éditeur, 8, boulevard de Vaugirard, PARIS

L'OBSTACLE

PREMIERE PARTIE

I

Ce jour-là, il faisait un de ces temps d'automne doux et clair, un de ces jours bénis et pleins de lumière tamisée, un jour à retarder le départ des hirondelles. Peu de beau monde encore à Paris, car c'était déjà l'habitude de revenir très tard de la campagne. A l'entrée de l'avenue du Bois, à la *Potinière*, se trouvaient deux flâneurs renversés nonchalamment dans leurs fauteuils de fer. Un venu de province à coup sûr, et Pierre d'Orcel, connu de tout Paris. Pas de fortune et toujours cependant de mise correcte ; ne tapant jamais personne, mais ne se laissant jamais taper. Jouant petit jeu au cercle et gagnant... presque toujours sans bruit, sans esbrouffe ; enfin, payant son écot et dînant toujours dans les bons endroits.

Pour l'instant, il ne s'amusait guère ; n'était-il pas condamné à balader son cousin Crisoix, venu du Poitou pour faire à Paris son tour d'automne ; et Crisoix n'était pas toujours drôle avec ses pourquoi ? ses comment ?... Il est vrai que le cousin Crisoix avait la main large et défrayait largement son cornac.

Pierre, fumant un excellent bock que venait de lui offrir Crisoix, attendait, non sans impatience, le repas du soir. Il s'en fallait de deux heures, et c'était dur à tirer.

Au fond, Pierre d'Orcel, n'était qu'un parfait égoïste, un oisif, menant chiche vie, et blasé sur toutes les fanges qu'il côtoyait d'ailleurs de trop près avec une glaciale indifférence.

Pour l'instant, il eût voulu savourer béatement son cigare, et Jean de Crivoix l'assommait avec son énervant questionnaire. Arrivé de la veille, il n'avait pas encore pris le contact de son cousin, et avec cette curiosité aiguë du provincial qui veut à toute force se mettre au courant, il prétendait apprendre en peu de temps un tas de choses.

— Et où as-tu été cet été, mon bon Pierre ? demandait-il pour la troisième fois.

— Nulle part...

— Tu n'as pas été prendre les eaux ?

— Si, j'ai pris les eaux de la Dhuys.

— Elles sont bonnes ?

— Excellentes !... et d'Orcel réprima à grand'peine un éclat de rire.

Mais il n'écoutait plus, son œil venait d'être charmé par un ravissant attelage, un bai rubican et un rouan vineux. La voiture, un grand phaéton à huit ressorts, était digne des bêtes. Deux domestiques en livrée noire occupaient le siège de derrière; sur celui de devant se voyaient un très jeune homme et une toute jeune femme en grand deuil.

Celui qui menait cette superbe paire de trotteurs, bien que vêtu avec élégance, n'était ni un éphèbe, ni un snob, mais bien un solide garçon, large d'épaules, au teint mat, d'une chaude et uniforme pâleur. Les yeux très noirs disaient une naïveté toute fraîche, mais aussi une volonté très ferme, une énergie latente et soutenue. Une moustache soyeuse estompait ses lèvres, joliment ourlées, découvrant des dents superbes. Lorsque arrivé à la hauteur de d'Orcel, il souleva légèrement son chapeau pour répondre au salut de celui-ci, qui s'était approché avec empressement, les cheveux coupés en brosse montrèrent leurs cinq pointes dessinant un front carré.

— Bonjour, Pierre, — dit-il, d'une voix bien timbrée après avoir arrêté ses chevaux, — charmé de vous revoir, — S'adressant à sa compagne : — Chère, je vous présente un excellent camarade, Pierre d'Orcel. Un gai et aimable compagnon, et... en outre, l'homme le mieux informé de tout Paris.

D'Orcel s'inclinait, braquant son monocle sur un adorable visage de jeune femme, et lui, le sceptique le blasé, que rien ne pouvait émouvoir, il laissa percer une admiration sans bornes.

C'est qu'aussi rien ne saurait dépeindre la beauté spéciale et saisissante dont il ne parvenait pas à détacher ses regards.

Une délicieuse toque noire coiffait à ravir une petite tête fine, et ce mince visage aux traits délicats, au profil ténu, éblouissait par le plus adorable des teints lactés. Tout autour du front, des tempes, de la nuque s'échappaient en profusion des boucles blondes, d'un blond à la fois chaud et clair, brillant et soyeux. Mais ce qui frappait bien plus encore c'étaient les yeux, des yeux verts profonds, inoubliables,

A la présentation, elle répondait par un signe de tête gracieux, un aimable sourire.

Le jeune homme après avoir touché le bout des doigts de d'Orcel, rendait légèrement la main et l'attelage partait au grand trot.

Pierre d'Orcel regagnait son siège, mais Jean de Crisoix recommençait son interview.

— Qui est-ce ?... La jolie créature !... Et le monsieur donc, très joli garçon !...

Pierre ne répondit pas pour l'instant.

Crisoix s'impatientait de son silence.

— Mais enfin, comment s'appelle-t-il, ton ami ?... Tu sais que tu n'es vraiment pas aimable... Je ne sais pas ce que je suis venu faire à Paris... si je m'ennuie, dis-le-moi, je vais te lâcher...

Force était de s'exécuter, ou, alors, il fallait renoncer à l'excellent dîner chez Voisin.

— Son nom ? Robert d'Epagnes. Trois cent mille livres de rentes au moins.

— Mais il est tout jeune !

— Vingt et un an.

— Et la dame ?

— Sa femme... il vient de se marier... Elle doit être, si je ne m'abuse, un peu plus âgée que lui... Mais ça ne fait rien, cette femme-là a au moins devant elle pour trente ans de beauté... Quelle perle !

— Oui ! Elle est rudement belle !... Et d'où vient-elle ?

— Je n'en sais rien au juste, D'Amérique. La fille d'un colonel. Son histoire ?... Ah ! il te faut aussi son histoire ? Je ne la sais pas toute, mais c'est un gros roman. Offre-moi un autre cigare et je vais te susurrer la chose.

Ici nous enlevons la parole à Pierre d'Orcel, pour cette raison que, tout bien informé qu'il fût d'ordinaire, il reconnaissait lui-même que dans le roman de d'Epagnes se trouvaient de nombreuses lacunes que nous allons nous hâter de combler.

Mme Claire d'Epagnes, la mère de Robert, avait contracté de bonne heure un mariage d'amour.

F. Rouff, Éditeur. — 1926.

C'est qu'aussi, elle avait été unie à un être vraiment supérieur. Comme beauté, bonté, loyauté, inteligence, l'élu de son cœur avait toujours été à la hauteur de cette passion brûlante. Et tout d'un coup, un mal effroyable s'était abattu sur ce mari tant aimé : une phtisie épouvantable, que rien ne pouvait faire concevoir ni prévoir, l'avait enlevé en quelques mois. M. d'Epagnes était parti dans toute la force de l'âge, laissant sa jeune femme en proie à un désespoir sur lequel le temps, ne devait avoir aucune prise. Naturellement, tous ses proches avaient tenté de nombreux efforts pour décider une veuve jeune, riche et jolie, à se remarier. Et invariablement, elle répondait à tous :

— Tant que je ne serai pas dissoute en poussière, on trouvera le nom de mon cher aimé dans mon cœur. Ce que vous me proposez me semble le plus odieux des sacrilèges.

Aussi toutes les affections de la femme, de la mère, s'étaient concentrées sur Robert, l'enfant unique, le vivant portrait de celui que Claire d'Epagnes continuait à pleurer chaque jour. Ah ! celui-là pouvait se vanter d'avoir été outrageusement gâté !

Jamais Mme d'Epagnes n'avait pu se résoudre à mettre Robert au collège. Encore avait-elle eu la main heureuse, trouvant dans l'abbé Bertrand un précepteur intelligent et dévoué. L'abbé était un piocheur, et il avait obligé Robert à piocher ferme. Enfin, on avait décroché les deux bachots, les sciences et les lettres, et Robert d'Epagnes avait poussé un « ouf ». Libre !, comme l'air !... Plus de cahiers, de livres, d'abbé... Notre lauréat envoyait le tout l'abbé compris, aux cinq cent mille diables.

Le pauvre prêtre s'était senti tout scandalisé aussi s'écriait-il, à la pauvre chère maman.

— Il est bien gentil, notre jeune homme ! Un cœur d'or !... Mais j'ai grand'peur qu'il ne nous donne du fil à retordre !...

Le précepteur ne s'était pas trompé. Robert, une fois la bride sur le cou, s'était amusé à mener une véritable existence de bâton de chaise. Mme d'Epagnes avait fait tout ce qu'elle avait pu pour obtenir cet agréable résultat. N'avait-elle pas eu la lumineuse idée de faire émanciper Robert et de lui remettre en main la fortune de son père. Et notre jeune homme avait fait danser aux billets de banque paternels une fantastique sarabande. Un oncle de Robert d'Epagnes, qui portait à son neveu une sincère et profonde affection, étant demeuré vieux garçon, avait cru de son devoir d'avertir sa belle-sœur.

— Il va trop vite, ce garçon-là ! Beaucoup trop vite !... Ça finira par lui jouer un mauvais tour !...

La pauvre mère ne voulait rien entendre. Contrarier Robert !... Ne l'avait-elle pas tenté !... Après tout, il s'amusait ! La belle affaire !...

Cependant, le vicomte d'Epagnes revint à la charge auprès de sa belle-sœur. A tout prix, il fallait mettre un frein à cet enragé et stupide gaspillage. L'abbé en cette circonstance fut le porte-parole. Et bredouillant un peu, il lâcha dans une phrase embrouillée, le terrible mot : « Interdiction ».

Pas plus tôt prononcé, il eut bien voulu le rattraper. La mère s'était levée toute droite :

— L'abbé ! je vous aimais bien ! Mais ne prononcez jamais devant moi l'horrible mot qui vous est échappé... Interdire Robert !... L'argent qu'il dépense est-il à lui, oui ou non ?... Ne dirait-on pas, à vous entendre, qu'il a commis un crime !...

Le vicomte se leva.

— Venez, l'abbé, nous n'avons plus rien à faire ici, dit-il. Puis il ajouta :

— Ma chère sœur vous avez tort... Si mon neveu ne faisait que croquer sa légitime, vous pourriez me répondre que cela ne me regarde pas... Mais regardez-le bien... vous verrez qu'il ruine sa santé, ce qui est beaucoup plus grave... Là-dessus, comme je ne voudrais pour rien au monde me fâcher avec vous, je vous quitte... Venez, l'abbé.

La dernière parole de M. d'Épagnes avait porté, laissant une inquiétude réelle dans le cœur de la mère. Et lorsque le lendemain elle revit son fils, elle constata avec une véritable terreur qu'il était pâle, et que ses yeux caves, son teint plombé révélaient une redoutable anémie.

Un fait très grave vint corroborer l'alarmante menace du vicomte d'Epagnes. Le moment était arrivé où Robert allait être obligé de passer devant le conseil de revision. Il revint de cette séance très dépité et violemment atteint dans son amour-propre.

— Comprenez-vous, maman, qu'ils ne m'ont pas trouvé bon pour le service !...

La première impression de la mère fut une exclamation de joie ; mais elle expira sur ses lèvres. L'image de son mari agonisant venait de passer devant ses yeux. Sa face se convulsa, ses prunelles vacillèrent... Comme dans un nuage, la mort grimaçante lui apparaissait.

— Sont-ils bêtes !... répétait Robert... Ma foi après tout, c'est une fameuse chance !... Je n'irai pas au régiment...

Une heure plus tard, le vicomte d'Epagnes trouva la malheureuse mère dans un état à faire pitié.

Lorsqu'il connut l'histoire du conseil de revision un large pli traversa son front.

— Je ne vous répéterai pas, ma chère sœur : « Je vous ai avertie ». Ce serait stupide et cruel... Il faut parer au plus pressé... Calmez-vous d'abord... Bernier, l'ami de notre famille, qui a élevé Robert, qui l'a suivi depuis son enfance, nous eût prévenus s'il s'était produit quelque chose de grave... Je vais passer chez lui. Il verra Robert pas plus tard que ce soir... Et je suis convaincu qu'il vous dira tout le premier que le conseil de revision s'est alarmé à tort.

Le soir venu, le docteur Bernier revenait à l'hôtel d'Epagnes en compagnie du vicomte. Celui-ci avait pu rejoindre son neveu au cercle, et il était parvenu à l'arracher à la partie, en lui disant :

— J'ai absolument besoin de toi... C'est pour tranquilliser ta mère.

Et, sur l'heure, l'auscultation avait eu lieu dans l'un des petits salons du cercle. Bernier formulait aussitôt un sûr diagnostic.

— Rien d'irrémédiable. Mais une santé réellement compromise par des excès de toute nature...

— Courons chez ma belle-sœur pour calmer ses transes mortelles.

Lorsque le docteur Bernier eut formulé son arrêt devant la mère, il ajouta :

— Vous allez maintenant me demander un conseil et je vais m'empresser de vous le donner, il n'y a pas de danger immédiat. Mais... Robert n'a rien, je vous l'affirme de la façon la plus formelle... Ni lésion ni fêlure... Mais il faut absolument l'arracher aux entraînements qui lui coûteraient la santé... et la vie... Robert vient d'être réformé est-ce un bien est-ce un mal ?... Je considère ceci comme un bonheur pour lui. Il retrouverait au régiment des complaisances qui ne l'empêcheraient pas de continuer la vie qu'il mène... Il a encore de la fortune, vous, sa mère, vous êtes riche...

— Et il y a moi qui ne le déshériterai certainement pas, quoi qu'il arrive, interrompit le vicomte.

— Alors, faites un sacrifice d'argent... qui ne sera pas même un sacrifice... Achetez-moi à ce garçon-là un joli yacht, et envoyez-le faire le tour du monde... Oui, je sais bien, je le vois à vos yeux, chère madame, ils sont déjà pleins de larmes... Mais, il faut absolument l'enlever d'ici... Je résume : un bon bateau, une tournée... Il aime les grands sports... il chassera, pêchera, et il vous reviendra dans un an, avec une mine superbe. Maintenant chère madame et amie, occupez-vous de faire voyager notre jeune homme le plus tôt possible...

— Il sera parti avant huit jours, — fit l'oncle — je me charge de tout... et ma sœur sera courageuse... Il s'agit de la vie de Robert...

Tout d'abord, le jeune homme regimba fortement. Il ne s'attendait nullement à abandonner l'armée pour... la marine. Mais la mère ne se laissa ni désarmer, ni attendrir.

— Pardieu, disait M. d'Epagnes à son neveu, je te trouve réellement à plaindre... Tu vas voyager comme un prince, et si je n'avais la goutte je te demanderais de me prendre à ton bord... J'ai trouvé chez Le Normand, au Havre, une merveille... que tu vas admirer dans quelques heures... Tu auras un capitaine sous tes ordres... Vingt-cinq matelots choisis... Libre comme l'air, maître souverain sur ton navire. Allant où tu voudras... et visitant le plus beau pays du monde.. le pays inconnu.

Le vicomte d'Epagnes parlait au pire des sourds. Le « Saphir » était bien cependant une merveille. Le ravissant bâtiment se balançait en dehors de la jetée, montrant son élégante coque blanche.

Néanmoins, en mettant le pied sur le pont, Robert se sentit le plus malheureux des hommes.

Il fallait vraiment y mettre une mauvaise volonté, un entêtement aveugles.

Le « Saphir », était bien une véritable perle de l'Océan.

Ce yacht comptait soixant-dix mètres de longueur sur dix de large, et jaugeait trois à quatre cents tonneaux. La coque en nickel renfermait dans ses flancs une machine à triple expansion.

Charbon dans les soutes : deux cents tonneaux, avec une consommation de douze tonneaux par vingt-quatre heures : le « Saphir », filant douze nœuds à l'heure, pouvait donc parcourir quatre mille huit cents milles avec son approvisionnement de charbon.

Mais avec beau temps, belle mer, jolie brise, le yacht atteignait aisément une vitesse de sept nœuds et dix nœuds grand'largue.

Si malgré ce luxe, Robert n'attachait qu'une importance secondaire au « Saphir », il n'en était pas de même de son capitaine.

Olivier Morton, vieux loup de mer, tout grisonnant, avait, depuis quelques mois, pris sa retraite, lorsque la perte d'une partie de ses économies l'avait obligé à reprendre du service, et les constructeurs s'étaient trouvés trop heureux de remettre la main sur un homme de tout premier ordre, à la fois sobre, énergique et prudent, et l'avaient désigné à lord Kimmerlay, le propriétaire du yacht avant Robert.

La mort subite du riche Anglais l'avait complètement déferré, et il se demandait ce qu'il allait devenir, lorsqu'il apprenait tout à coup, qu'un tout jeune gentleman français devenait l'heureux propriétaire du « Saphir ».

Au moment où nous l'admirons, le capitaine Morton était occupé à faire visiter le « Saphir » dans ses plus minutieux détails, à deux jeunes gens qui l'accompagnaient avec une respectueuse déférence, c'est que l'un et l'autre venaient d'être appelés à servir sous ses ordres.

L'un, Jean Le Naintrec, Breton d'origine, avait navigué depuis trois ans et devenait lieutenant du « Saphir ».

L'autre, Henri Précourt, avait été récemment reçu docteur, et, interne des hôpitaux de Paris, avant de s'installer dans la grande ville ou ailleurs à la conquête d'une clientèle, se déclarait trop heureux de pouvoir faire une brillante et intéressante campagne.

Le capitaine Morton faisait donc les honneurs de « son cher bateau » à « son » lieutenant, à « son » major, et tous les deux se déclaraient émerveillés.

Je vous le dis monsieur Le Naintrec, — répétait-il pour la dixième fois — on a pensé à tout, oui, à tout, et à mille autres choses encore.

A cet instant les trois hommes se trouvaient réunis sur la dunette.

— Tenez, reprit M. Morton, caressant de la main la culasse polie d'un canon à tir rapide avec ce charmant joujou-là nous pouvons rencontrer tous les pirates de la terre, et ce serait, je vous le jure, une véritable partie de plaisir... Je vous ai montré l'autre petit canon porte-amarre... Je passe ma vie à en rêver, de ce bateau-là !

— Et que comptez-vous comme équipage? reprit le docteur.

— Un maître d'équipage faisant le quart à courir avec le lieutenant. En outre, huit hommes de pont, bons à tout. L'un d'eux est chargé de faire le dîner de tout le monde.

— Et comme mécaniciens ?

— Un mécanicien en chef, six mécaniciens sous ses ordres. Six chauffeurs... et c'est tout... Ah ! j'oubliais... Un cuisinier chinois, le nommé Sima. Il m'a fait goûter à toutes les cuisines du globe. Enfin le maître d'hôtel, un Japonais, M. Kio... Il sait tout faire cet animal-là... Je le crois seulement à surveiller du côté de l'opium, M. Kio... Mais j'y aurai l'œil... Enfin, nous serons trente-huit hommes en tout.

— C'est plus qu'il n'en faut, répliqua M. Le Naintrec.

— Oh ! nous pouvons aller au bout du monde, et même plus loin, si le cœur nous en dit, personne ne nous empêchera de passer.....

— Et M. Robert d'Epagnes ?

— Hum ! Pour parler avec une entière franchise, ça ne paraît pas lui causer un excessif plaisir de s'en aller voyager au long cours.. A son âge.... Enfin, à la longue, il finira peut-être par l'apprécier, ce merveilleux « Saphir » !

— Ah ! j'oubliais encore... Nous sommes certains de ne pas mourir de faim. Le yacht est pourvu d'une jolie chambre frigorifique, et nous pouvons installer une torpille sur l'avant de la chaloupe, rien que pour prendre du poisson... Sima a déjà composé des bouillabaisses... Mais voici une baleinière qui accoste... C'est M. Robert d'Epagnes. Je vais pouvoir vous présenter, messieurs...

Le capitaine Morton n'avait rien exagéré, Robert s'embarquait pour ce raid au long cours tel un chat qu'on fouette. Il en voulait à sa mère, à son oncle, à la terre entière, et il était descendu dans son appartement pour ne pas laisser voir deux larmes de rage qui obscurcissaient ses prunelles.

Aussi lorsqu'une heure plus tard le capitaine Morton vint frapper à la porte du salon et demander à Robert la route qu'il comptait prendre.

— Où vous voudrez, ma famille désire que je voyage, je lui cède..... Le reste m'importe peu.

M. Morton n'était pas homme à se payer de cette vague réponse; aussi se permit-il d'insister.

— Mais enfin, monsieur...

Robert, enchanté de devenir furieux, planta là le brave M. Morton, tout ahuri, et passa dans sa chambre à coucher.

— Oh ! oh ! — grogna le capitaine — il est de méchante humeur, notre jeune homme !... Je crois bien que nous n'allons pas manger un boisseau de sel ensemble ! Quel dommage !.. Un si beau bateau!

Il répondit amèrement à son tour à M. Le Naintrec qui lui demandait la route :

— Ma foi, M. d'Epagnes vient de me dire d'aller au diable..... Nous allons piquer dans la haute mer... Et si demain il répond de façon aussi peu correcte nous rentrerons au Havre et je lui remettrai ma démission...

— Ce serait dommage, fit le lieutenant.

— Je l'ai déjà répété vingt fois... Mais on a sa dignité et si ce jeune homme ne se conduit pas comme un gentleman...

— Je suis absolument de votre avis, capitaine...

Robert d'Epagnes était une nature franche et loyale. Son chagrin ne diminuait pas, mais sa bouillante colère s'apaisait peu à peu, il en arrivait à s'adresser ce reproche :

— Mon Dieu! que j'ai donc été inconvenant avec ce brave capitaine... Ce n'est pourtant pas sa faute. Il me faut avant tout m'excuser auprès de lui.

Cette occasion de manifester ses regrets se présentait bien vite. Une saute de vent dès la première nuit passée au large et le *Saphir* se trouvait aux prises avec une mer véritablement démontée.

Robert, dès les premiers à-coups, s'était vêtu d'un imperméable et gagnait la passerelle, en s'accrochant de-ci de-là.

Le capitaine et le lieutenant se tenaient à leur poste, se rendant compte du danger, lui faisant face et constatant la tenue superbe du yacht.

— Monsieur, — hurla le capitaine — il ne faut pas rester là, parce que vous n'avez pas l'habitude.

— Mais je tiens à demeurer près de vous, répliqua Robert.

— Oh! je vais vous faire amarrer; un paquet de mer pourrait vous enlever.

Et le capitaine lui-même attacha Robert aux barres de la passerelle.

— Et qu'est-ce que vous dites de ce temps-là, capitaine?

— Si nous n'avions pas sous les pieds ce merveilleux bateau, je dirais que le Bon Dieu est en train de nous envoyer au diable, comme vous l'avez demandé...

Robert s'empara de la main de M. Morton.

— Voulez-vous oublier un mouvement d'inconvenante vivacité?

Un vigoureux shake-hand fut la réponse.

— Et où allons-nous? fit encore Robert, tandis que le *Saphir* se jouait sur la crête des vagues.

— Nous fuyons devant le temps... Le vent nous pousse vers l'Amérique.

— Va pour l'Amérique....

Le *Saphir* sortait triomphant de cette première et rude épreuve, et Robert pouvait apprécier la valeur et le dévouement des deux marins.

Le *Saphir* gagnait donc rapidement les côtes de l'Amérique du Nord, et là, pour tuer le temps, dans la partie inférieure du Canada, Robert se mettait à chasser, à pêcher avec fureur. Il ne voulait pas en convenir, mais lorsque après une, deux, trois journées passées à poursuivre un caribou, un original, un ours, il ramenait quelque peu de ce royal gibier, il ressentait un inexprimable bien-être. Trois mois de cette vie exquise et il n'était plus le même être.

Le *Saphir* allait donc continuer à côtoyer les côtes canadiennes lorsque à la hauteur de l'embouchure du Saint-Laurent, un grain terrible s'abattait à nouveau sur lui, une aile de l'hélice cassait net.

C'était là une avarie qui nécessitait une entrée dans un port. On était au plus fort de la chaleur. Morton faisait alors une proposition à Robert. Elle consistait à déposer le jeune homme à Newport, une station balnéaire très courue à cette époque de l'année, et pendant ce temps, lui-même pousserait jusqu'à New-York, s'occuperait des réparations indispensables et une fois remis à flot, ramènerait le bateau à son heureux propriétaire.

C'est autour de la plage de Newport que s'entassent les chalets, palais, villas des milliardaires Yankees. Robert n'eut pas plutôt mis le pied sur cette plage extra-smart qu'il s'y trouva absolument dépaysé. Il ne connaissait personne et se sentait très dédaigneusement regardé par ces théories de jeunes misses, qui cavalcadaient, nageaient, lunchaient, flirtaient tout le long du jour et des nuits.

Robert d'Epagnes appelait de tous ses vœux le retour du *Saphir* lorsque ses ennuis disparurent tout d'un coup.

Il y a une plage à Newport, elle est restreinte, étroite, mais elle est... Robert d'Epagnes y passait le plus clair de ses jours, s'étirant sur le sable, après d'interminables pleines eaux, car il nageait comme un phoque.

Il se trouvait depuis tantôt cinq longs jours à Newport, quand un spectacle attira malgré lui son attention.

En une petite voiture très basse, était étendue une toute jeune femme d'une surprenante beauté. Elle avait été évidemment condamnée aux plus cruelles épreuves. A peine si ses forces étaient encore suffisantes pour retenir sa petite tête ravissante. Un homme grand, fort, aux épaules larges, poussait devant lui la voiturette avec des précautions infinies. Correctement vêtu, il avait une cravate trop voyante pour un homme affligé de la cinquantaine, et aussi une profusion de bijoux.

Le couple s'arrêta près de Robert, qui put admirer à loisir l'adorable physionomie de la malade, en même temps qu'il l'entendait affirmer d'une voix vibrante :

— Décidément, ces médecins sont des ânes, je me sens bien mieux... Et nous quitterons cet odieux endroit où je m'ennuie à périr.

Robert ressentait un spleen atroce au milieu des dédaigneuses élégances de Newport. La jeune fille lui sembla du meilleur goût. Son compagnon âgé lui répondit:

— Moi aussi je m'assomme à Newport, je vous assure, mais nous n'en avons plus pour longtemps.

— On est bien ici — constata la jeune fille — voulez-vous y demeurer un moment?

De la capote de la voiturette, l'homme sortit un escabeau qu'il ouvrit et s'installa sur le sable, après avoir déployé un vaste parasol...

La jeune fille remerciait et concluait :

— Je suis on ne peut mieux... et vous?

— Moi — répliqua son conducteur — je me trouverais dans le troisième ciel si je n'avais oublié mes cigarettes à l'hôtel.

Instinctivement, Robert s'était levé et tendant à l'inconnu une boîte d'argent...

— Puis-je mettre mes cigarettes à votre disposition, monsieur?

L'homme avait eu un haut-le-corps, ses sourcils s'étaient froncés et le jeune homme demeura la main tendue. En même temps il se nommait:

— Robert d'Epagnes... Français... voyageant pour son plaisir..

Il s'excusait de se présenter lui-même, mais il ne connaissait personne à Newport.

D'une voix nasillarde l'homme répondit :

— Colonel Clayketon.

Désignant de la main la jeune fille.

— Miss Laurie.

Et s'emparant de la boîte d'argent, il se décidait à accepter une cigarette, tandis que miss Laurie, de ses yeux pers, dévisageait Robert.

Elle n'avait pas l'air de s'en soucier beaucoup, son examen terminé — et elle s'était mise à regarder la mer.

— Voulez-vous me permettre de vous offrir ces cigarettes? fit Robert, car le colonel s'était tu, et miss Laurie se renfermait en un dédaigneux silence.

Ce brave colonel ne se fit pas prier. Il introduisit ses gros doigts dans l'orifice de la boîte, et encouragé par le jeune homme, s'appropria la plus grande quantité de cigarettes.

— Vous préféreriez peut-être un cigare?...

Et Robert ouvrit un volumineux étui.

— Le cigare après, répliqua-t-il.

La figure du colonel s'illumina.

Et il cueillit, sans se faire plus prier, un quatuor de partagas.

— Je vous les recommande, colonel... Je veux avoir votre opinion.

Robert s'accrochait avec énergie à ce colonel qui lui tombait inopinément dans les jambes. Evidemment, Clayketon constituait un en-cas que le jeune exilé ne voulait pas laisser échapper. Mais en outre du colonel, il y avait miss Laurie, cette créature d'une beauté toute spéciale, avec sa touchante pâleur et l'étincelante ardeur de ses grands yeux pers.

Mais la jeune fille ne s'occupait nullement de Robert, ses yeux demeuraient braqués sur un groupe de jeunes misses yankees, blanches, fortes plantureuses qui se disposaient leur bain terminé, à sortir de l'eau en bondissant et à regagner leurs cabines.

Elles coururent toutes trempées sur le sable, et en passant à côté de Laurie, l'une d'elles lui envoya deux minuscules gouttes d'eau.

Un nuage de sang empourpra le visage de la jeune fille, tandis que ses yeux devenaient glauques.

Les baigneuses poursuivaient leur course.

— Elles sont joliment inconvenantes, ces jeunes filles, gronda Robert ; si elles étaient accompagnées d'un homme, ce serait à aller lui demander compte de leur incorrection.

— Peuh ! — la voix de Laurie s'était enrouée jusqu'à devenir rauque — laissez-les donc !... Ce sont des poseuses... Maud Steiner... Je la connais bien celle là, j'ai été en pension avec elle, et elle m'éclabousse !... parce que son père vend de la moutarde..... Mais vienne une autre marque, et elle n'aura plus le sou... Et comme tant d'autres, elle roulera dans la crotte...

Et elle s'excitait, la jolie fille, si bien que le colonel dut la supplier de se calmer. Laurie semblait s'apaiser peu à peu. Et le colonel, en commençant à déchiqueter un cigare, expliquait au jeune étranger que dans la libre Amérique, on n'envoyait point ainsi des cartes, que le duel n'était pas admis.

— Mais enfin, si dans une discussion je me bats à coups de poing, moi !

— C'est un tort.

— Enfin, si je suis insulté ?

Le colonel Claykston hocha la tête.

— Vous avez toujours un revolver sur vous, n'est-ce pas ? Au premier mot un peu vif, placez la main sur votre revolver, dans la poche de derrière. Effacez-vous. Vous laissez tirer votre homme... Vous avez bien des chances qu'il manque. Et alors... Vous l'abattez comme un pigeon.

Le colonel s'était humanisé. C'était Laurie, maintenant, qui lui adressait d'imperceptibles signes. Mais Robert ne remarquait pas ces signes ; il laissait échapper une exclamation joyeuse :

— Cette fois! j'en suis bien sûr!... C'est lui! C'est le *Saphir!*

— Et, qu'est-ce que le *Saphir* ? demanda aussitôt miss Laurie.

— Le *Saphir* !..... Mais c'est mon bateau, c'est mon yacht !... Tenez ! Le voyez-vous comme il est joli. Le voilà qui fait son abattée pour rentrer dans le port...

Et saluant avec grâce :

— Mademoiselle... Si vous étiez mieux portante, je me permettrais de vous demander à venir visiter le *Saphir.*

Et Robert d'Epagnes prit ainsi congé du colonel Claykston et de miss Laurie.

Tandis qu'il s'éloignait, le colonel crachait deux ou trois fois de suite, ce qui pour un Américain est un signe incontesté de préoccupation intense. Puis enfin, à mi-voix:

— Si c'est à lui tout seul, ce yacht, ça doit coûter cher... Il faut qu'il soit très riche.

Laurie paraissait s'énerver violemment.

— Et qu'est-ce que ça peut bien vous faire qu'il soit riche ?

Cependant, après avoir décrit une courbe savante, le « Saphir » se montrait maintenant de profil. Il se jouait sur la mer, légèrement agitée et sur les jetées du port, de la plage, on admirait ce merveilleux bateau... Quelques minutes encore, et il venait tout doucement s'amarrer à son warf.

Robert avait déjà sauté à bord.

— Mon cher capitaine ! Comme vous avez fait diligence ! Comme je vous remercie !...

Et, au lieutenant Le Naintrèc, au docteur Précourt, il distribuait des poignées de main solides... enchanté de revoir ses compagnons de voyage. Dans le salon on faisait gaîment sauter le bouchon d'un magnum « Cordon rouge », et l'on trinquait au pays.

Ce fut Robert entre deux coupes de champagne qui demanda à Morton :

— Et maintenant, mon cher capitaine, où le « Saphir » va-t-il nous mener ?

Un large sourire éclaira le visage du capitaine.

Il s'écroula sur le tapis (p. 9).

— Je vous avoue, cher monsieur, que j'y ai songé le long du chemin... Et j'ai une jolie proposition à vous faire.

— Je vous écoute, capitaine.

— Eh bien! qu'est-ce que vous diriez d'une jolie petite pêche au dugong?

— Le dugong ! Le dugong !... La vache marine ?

— Parfaitement.

— Mais, capitaine... si je ne me trompe... on pêche votre dugong, au nord de l'Australie.

— Vous y êtes tout à fait. Ici, voyez-vous, il va faire réellement un peu trop chaud... Avec les vents alizés, nous pouvons être en Australie dans trois semaines... et nous pêchons des dugong, en veux-tu, en voilà...

M. Morton, sur des masses d'îlots polynésiens inhabités, lui promettait d'autres pêches superbes, des chasses au gibier d'eau merveilleuses... On allait partir. Le temps de rallumer les feux et d'obtenir de la pression.

— Pour ce soir, cher monsieur Robert, je vous promets un festin de premier ordre.

Tout ce qu'il y a de plus affriolant, ce menu. Robert connaissait les combinaisons géniales de Sima.

Pourquoi, à cet instant précis, la fugitive image de Laurie passa-t-elle soudainement devant ses yeux ? Pourquoi un impérieux besoin de revoir cette jeune fille le saisit-il brusquement?

Hésitant, troublé, il répondit :

— Ce soir, mon cher capitaine, je ne goûterai pas de la cuisine de Sima. Vous ne m'en voudrez pas. Je ne pouvais supposer que le « Saphir » revînt si promptement à Newport ; j'ai accepté une invitation... Vous dînerez parfaitement bien sans moi.

Tout triste, le capitaine... Après tout, Robert était son maître. Mais il se sentait fort gros cœur.

Robert d'Epagnes, regagna son hôtel... Et tout juste à point, il aperçut le colonel Clayksten revenant de la plage et poussant devant lui la petite voiturette. Il savait bien qu'il la rencontrerait.

Le colonel, lui cria tout premier.

— Eh bien ! et votre diamant ? Tout le monde l'admire... Vous révolutionnez Newport. Oh ! toutes les misses qui ne daignaient point vous regarder, vont vous faire les yeux doux.

D'un ton sec, miss Laurie imposait silence au colonel. Elle était fatiguée, elle voulait regagner sa chambre située au rez-de-chaussée.

Mais le colonel ne se démontait point.

— Le temps de remettre Laurie à sa femme de chambre et je reviens... Nous prendrons un drink, n'est-ce pas ?

Dix secondes plus tard le colonel Claykston appartenait tout entier à Robert... Et il entonnait en trinquant force cocktails :

Je suis très content de vous voir ! Vous êtes un brave garçon. Vous ne partez pas demain, n'est-ce pas? Nous pourrons prendre une tasse de thé dans la chambre de Laurie, ce soir... dès qu'elle sera reposée... Nous dînerons ensemble, voulez-vous ?... Et après... la tasse de thé...

— Comment se trouve mademoiselle Laurie ? demanda Robert... Oh! pardon, mademoiselle votre fille.

— Oui, ma fille !...

Et le colonel administra une forte tape sur l'épaule de Robert.

— Vous êtes un bon compagnon, un excellent garçon... Je suis enchanté de vous avoir rencontré. Oui, je serai heureux de vous retrouver !... J'ai cinquante ans, et je vaux un homme de trente !... Cette brute de James Flint... Vous ne connaissez pas James Flint... C'est extraordinaire !... Il n'a que trente ans... Et il serait déjà sous la table... Nous allons nous y mettre à table!... Et vous verrez que j'y tiens encore ma partie...

Et Robert d'Epagnes fut enchanté de faire un exécrable dîner américain, en compagnie du plus exubérant des colonels. Il n'aurait pas eu à bord du « Saphir » la très douce perspective de prendre une tasse de thé en compagnie de Miss Laurie Claykston, ce qui advint dans le cours de la soirée. Le colonel fut très digne. Du moment qu'il eut obtenu sa jauge, ainsi qu'il disait, il devint roide comme un pieu et sa conversation fut monosyllabique. Il se mit à fumer, sans s'occuper des deux jeunes gens.

Embarrassée tout d'abord, la conversation promptement s'animait. Et une intimité s'établissait entre les jeunes gens.

Pas gênant le colonel; entre deux mâchures de cigare, il ponctuait le dialogue d'un « Well » grogné d'une voix grasse.

Robert ne s'ennuyait plus. Et plus les minutes s'écoulaient, plus il se trouvait hypnotisé par cette créature gracieuse, ensorcelante, qui plongeait ses inquiétants yeux pers dans les siens.

Robert d'Epagnes en était à sa sixième tasse de thé lorsqu'un ronflement du colonel lui apprit l'heure de la retraite. Il se levait, prenait congé, s'excusait, quand, à brûle-pourpoint, miss Claykston lui dit :

— Il paraît qu'il est merveilleusement joli votre « Saphir ». Oh ! je ne sais ce que je donnerais pour être admise à visiter un aussi charmant yacht! Malheureusement, vous partez demain; nous ne nous reverrons sans doute jamais, et j'ai encore au moins pour huit ou dix jours de chaise-longue.

Robert tressauta légèrement.

C'était donc vrai; il devait s'éloigner à jamais de cette adorable créature ! Oh ! mais c'était impossible !...

— Mais, rien ne me presse, balbutia-t-il, je suis absolument mon maître, et le « Saphir » sera trop heureux de vous attendre et de se tenir à vos ordres.

Et la main qu'il pressait encore, il la porta à ses lèvres.

— Il est charmant, ce jeune homme, fit le colonel lorsqu'il eut reconduit Robert.

Celui-ci l'entendit. Tout étourdi, il regagna sa chambre et ne put trouver le sommeil.

Le lendemain, il se rendit à bord du yacht pour déjeuner ; la cuisine de Sima écrasait de sa supériorité toutes les mixtures américaines. Le capitaine Morton fut condamné à subir la plus cruelle des déceptions, lorsqu'il s'avisa de parler à Robert de l'heure du départ. Le voyage en Australie ! La chasse au dugong ! Ah ! bien oui ! Enfoncé le dugong !... Il passait à l'état de monstre chimérique. Et Robert finit par briser net.

— Je verrai... Dans tous les cas, je tiens à me reposer quelques jours encore sur cette plage... Rien ne presse...

Et le « Saphir », demeura amarré à son wharf, au grand désespoir du capitaine Morton.

Bien entendu, Robert se trouvait le premier installé sur la plage, et le cœur lui battait quand il vit pointer au loin la petite voiture. Miss Laurie était ce jour-là, plus charmante encore que la veille.

En apercevant Robert, un léger cri de joyeuse surprise lui échappa :

— Eh ! je vous croyais parti...

— Mais, n'avez-vous pas témoigné, mademoiselle, le désir de visiter mon yacht ?...

— Et vous allez me faire supposer que c'est pour moi que vous retardez votre départ!... Je veux bien admettre la galanterie française, mais je ne croirai jamais qu'elle soit de ce calibre...

Robert avait fait un mouvement. « Calibre » lui semblait vulgaire. Mais cette choquante impression fut aussitôt dissipée par un regard de la jeune fille. Le coloneel se montrait transporté. Toute la matinée sa fille n'avait fait que lui parler de ce diable de « Saphir ».

— Mais, si vous voulez bien, interrompit le colonel, j'irai avant Laurie visiter votre yacht...

Robert saisissait la balle au bond.

— Mais, colonel, faites-moi l'honneur de venir me demander à déjeuner à bord du « Saphir ». J'ai un cuisinier ! Vous en jugerez.

Une poignée de main et le colonel acceptait à la bonne franquette.

— Et moi, demanda Laurie, est-ce que l'on m'invitera aussi lorsque je ne serai plus invalide ?...

C'était fini. Robert d'Epagnes entrait de plain-pied dans la complète intimité du colonel et de sa fille, et huit jours ne s'étaient pas écoulés qu'il ne pouvait se passer d'eux.

Laurie, Robert quelque aveuglé qu'il pût être, s'en rendait bien compte, Laurie avait été outrageusement gâtée, et, privée de bonne heure de sa mère, très mal élevée. Mais une originalité spirituelle et plaisante faisait pardonner ces incorrections parfois communes et vulgaires. Quant au colonel, rien d'étonnant que ce chasseur d'Indien n'eût pas gagné dans la vie des forts et des frontières, des façons un peu moins brutales.

Et puis, et puis... Robert d'Epagnes était complètement aveuglé par une passion foudroyante et toutes ces imperfections disparaissaient dès que brillaient les éblouissants rayons des yeux de Laurie Clayksen.

Le colonel, ne manqua pas de venir déjeuner à

bord du « Saphir ». Il s'extasia à juste titre sur ce superbe bateau... La cuisine de M. Sima ne le laissa point indifférent et il fêta le Cordon Rouge. Aux cigares, il déclara qu'entre Robert et lui c'était désormais à la vie, à la mort.

— Il paraît que vous avez royalement traité le colonel, fit Laurie le soir même, j'espère que vous agirez avec moi plus simplement.

Et le flirt, se poursuivit de façon intense.

Le colonel continuait à ne pas être gênant; pourvu qu'il pût absorber une série de cocktails en compagnie de Robert, qu'il pût faire avec lui d'interminables parties de poker, auxquelles Laurie prenait activement part, il n'en réclamait pas davantage.

Quatre jours s'étaient écoulés depuis le matin où Robert avait eu le plaisir de traiter le colonel à bord du « Saphir », lorsque celui-ci, vers les dix heures, se présentait à la coupée du yacht, l'air prodigieusement agité.

— Je viens vous faire mes adieux, dit-il.

— Laurie m'a dit simplement ceci : « Que je puisse seulement lui serrer la main avant de partir... et ce sera tout ! » Elle a beaucoup d'affection pour vous, Laurie... Et ce départ précipité lui cause un véritable chagrin.

Robert demeurait abasourdi.

— Mais enfin, que s'est-il passé depuis hier? Je suis peut-être indiscret.

Le colonel mâchonna furieusement son cigare.

— Ce qui s'est passé ?... Voilà... Je vais tout vous dire, parce que vous êtes mon ami. Le docteur Chapman est venu... C'est un excellent médecin, un chirurgien réellement « proéminent ».

« Vous savez que ma pauvre fille a fait une chute effroyable... Emportés par des chevaux enragés, nous avons dégringolés tous les deux dans le fond d'un torrent, d'où nous sommes sortis, moi sans une égratignure, mais elle avec la cuisse cassée!... Ne lui parlez jamais de cette catastrophe, jamais une allusion, je vous en supplie... Je reprends... où en étais-je ?...

— Le docteur Chapman...

— Ah! voici!... Eh bien! le docteur nous a donné l'ordre de quitter immédiatement Rhode-Island.

— Et la raison ?

— Mon Dieu ! Vous allez jurer de ne pas la colporter, vu qu'il nous l'a confiée sous le sceau du secret... Il paraît qu'il vient d'éclater ici, une épidémie de petite vérole noire!... Et dame, vous comprenez! la vie et la beauté de Laurie avant tout... Donc, nous allons partir... Et vous ferez bien de suivre notre exemple... Venez faire vos adieux à Laurie... et puis... départ...

— Et où irez-vous ?

— Je n'en sais trop rien... en vérité... Dans le Nord... je pense... au Canada... Allons, êtes-vous prêt ?...

Et le colonel s'avança vers la coupée.

Robert l'arrêta d'un geste.

— Mais au lieu de prendre place à bord d'un paquebot où vous serez très mal en cette saison chaude, pourquoi ne pas accepter tout bonnement l'hospitalité à bord du « Saphir » ? Ecoutez-moi, colonel, je vous en prie... Vous me ferez le plus grand plaisir... Je mettrai mon logement à la disposition de miss Laurie... Nous avons un chirurgien français, le docteur Précourt, fort instruit... Et tout, ce me semble, serait pour le mieux.

— Monsieur d'Epagnes, ce que vous faites-là est très bien, c'est tout à fait digne d'un gentleman, mais c'est tout à fait ce qu'il y a de plus inacceptable... Vous allez voir d'ailleurs ce que dira Laurie de votre proposition.

Dès les premiers mots de l'offre formulée par Robert la jeune fille commença à faire : « Non ! non ! de sa jolie tête, mais ses yeux, ses adorables yeux, disaient : « oui » à plein cœur. Cependant, alors que la bataille était dès longtemps gagnée, Robert tremblait de voir son offre repoussée. Le colonel ne combattait plus que pour la forme.

— Non... Laurie... Ce serait par trop indiscret.

Et la jeune fille de renchérir :

— Le colonel a parfaitement raison...

Et Robert de revenir de plus en plus pressant, cherchant à plaisanter.

— Eh bien ! puisque vous trouvez que c'est indiscret, vous paierez une pension... Une somme de... qui sera donnée aux pauvres... Là !... Vous ne pouvez refuser de vous associer à une œuvre de charité.

Tendant la main que l'amoureux Robert porta avidement à ses lèvres, Laurie se défendait encore :

— Non !... C'est une indiscrétion criante !... Vingt-quatre heures après notre embarquement, vous mourrez d'envie de nous envoyer par-dessus bord...

— C'est entendu!... Et je vous abandonnerai dans un île déserte...

— Habitée par des sauvages !...

Ah! ce fut vite fait! Les robes entassées dans les malles, une négresse engagée comme femme de chambre... colis et gens étaient transportés à bord du « Saphir »... Et vogue la galère !...

A la vue des nouveaux passagers, le capitaine Morton ne s'était pas permis la moindre observation; Robert d'Epagnes était maître de recevoir à bord de son yacht qui bon lui semblait ; mais tandis qu'il se trouvait sur la passerelle, il ne se faisait point faute de grogner.

— Eh bien! c'est complet!... Une femme à bord maintenant!... Une femme et une négresse!... Voilà qui va nous porter chance !... Avec ça, ce colonel du diable qui crache partout... Je parie que le baromètre va dégringoler avant demain matin.

Eh bien, pas du tout. Les pronostics du capitaine Morton, se trouvèrent absolument faux. Le « Saphir » eut une mer unie comme une glace. L'air vivifiant donnait à Laurie de fraîches couleurs, un appétit de loup.

Pour le colonel, il se montrait charmant ; il buvait comme un crible, dévorait comme un chacal. Le capitaine s'était amadoué... et le colonel, le soir, l'initiait, ainsi que le docteur et le second, aux jouissances endiablées du poker.

Ni Laurie, ni Robert ne jouaient. La jeune fille, étendue sur sa chaise longue, demeurait sur le pont jusqu'à une heure avancée de la nuit, gardant Robert près d'elle. Ce qu'ils se disaient ?... on le devine.

Huit jours s'étaient envolés avec une rapidité vertigineuse, et Laurie, reprenant des forces, pouvait quitter sa chaise longue et faire quelques tours de pont. Encore un peu, il ne resterait nulle trace de l'affreux accident, et tendrement, la jeune fille répétait à Robert :

— C'est ce cher « Saphir » qui est le meilleur de tous les médecins; avant quarante-huit heures je n'aurai même plus besoin de votre bras, mais je vous le demanderai quand même.

Un soir ils étaient tous deux seuls, tandis que le « Saphir » nageait comme un cygne sur cette mer toujours calme. Par le panneau du carré, on entendait les jurons du colonel qui avait, par exception, très mauvais jeu. La nuit était venue, douce et fraîche, pleine d'ineffable amour. Peu à peu, une paix inexprimable les envahissait tout entiers. La lune apparut bientôt, éclairant le visage de Laurie. Elle resplendissait de cette beauté éclatante que donne à une femme la certitude d'un amour partagé.

Robert lui prit la main :

— Laurie, fit-il d'une voix basse et tremblante, Laurie... que me répondrez-vous... quand je vous aurait dit : Laurie... voulez-vous être ma femme?...

— Je vous dirai... que... moi aussi, Robert, je vous aime.

— Depuis l'instant où je vous ai vue...

— Depuis cette première seconde... Moi aussi, Robert !... Je vous le jure...

Et, en un long baiser, il aspira l'ardeur sanguine de ses lèvres.

Dès le lendemain matin, à la première heure, Robert écrivait une interminable lettre à Mme d'Epagnes. Il était le plus heureux des êtres... Il avait rencontré la compagne de sa vie. Et il demandait le consentement de sa mère par le télégraphe.

Anxieux, énervé, Robert. Le « Saphir » s'était amarré au quai de Halifax, et la dépêche n'arrivait point. On lui en remit une, enfin, le troisième jour... Elle portait seulement une assurance affectueuse, avec la formule consacrée : « Lettre suit. »

— Mais ma mère ne m'a donc pas compris ! répétait l'enfant gâté en trépignant.

Et aussitôt une succession de nouveaux télégrammes, de nouvelles lettres. Le colonel avait accrédité l'annonce de cet échange de serments comme une chose naturelle et simple.

Enfin, une lettre arrivait de France : Mme d'Epagnes était dangereusement malade... Elle envoyait sa bénédiction à son fils... le suppliait d'attendre... Et son beau-frère, laissait voir qu'il ne conservait qu'une précaire espérance.

Le « Saphir » aussitôt se disposait à repartir pour la France. Tel avait été le premier mouvement de Robert. Mais une dépêche arrivait encore. M. d'Epagnes annonçait la mort de sa belle-sœur. Mme d'Epagnes, qui souffrait depuis longtemps du cœur, avait succombé à la suite d'une crise violente. Le télégramme recommandait à Robert de ne pas rentrer en France... Telles étaient les dernières volontés de la pauvre morte.

Robert se sentit en proie à un désespoir si violent que, dans les premiers instants, tout disparut autour de lui, même l'amour.

Laurie ne laissa pas Robert tout entier à sa douleur. Elle trouva de vraies larmes.

Enfin, quelques jours plus tard, arriva un courrier complet. Une lettre écrite d'une main tremblante par Mme d'Epagnes à son fils. Ses dernières pensées allaient à son fils.

« Ne reviens pas en France, mon enfant bienaimé... Poursuis ton beau voyage... Et si celle que tu as choisie est digne de toi, épouse-la... en te disant que je l'aurais bien aimée. »

C'était la consécration.

Après le déchaînement du premier désespoir, il se sentit heureux de se raccrocher aux forces de cet amour qu'il retrouvait à côté de lui. Oh ! certes, il souffrait encore, mais enfin... l'espérance commençait à luire dans un lointain avenir.

Et ce fut lui qui, le premier, reparla d'une union prochaine. Robert était seul dans la vie, maître de sa destinée et de son avenir. Le colonel, pressenti, ne souleva aucune objection. Depuis quelques jours, il avait retrouvé à Newport un vieux camarade, de beaucoup plus jeune que lui, auquel il portait une affection très tendre.

Un jour, alors que Clem Claykston se consolait du chagrin de Robert, en jouant au poker dans le bar avec des compagnons de rencontre, il avait poussé un cri de joyeuse surprise. Et il était allé au devant d'un petit homme court, au torse épais et râblé, à la face glabre.

— Oh! James Flint! My dear fellow!...

D'une voix aigrelette, James Flint secouant les mains de son ami:

— Oui! oui! Il était on ne peut plus satisfait, lui aussi... Très heureux de répondre à son ami le colonel Clem.

Et se penchant à l'oreille :

— Mon cher colonel... J'ai répondu à votre appel... J'ai les papiers... J'ai fait tout le nécessaire... Pas besoin de vous dire que cela m'a donné du mal... Maintenant, donnez-moi un cocktail!... Terminez au plus vite votre partie...

— Encore quatre coups, et je suis à vous...

Promptement la partie se termina à l'avantage du colonel, et Clem Claykston s'en fut rejoindre son ami Flint dans un des box écartés du bar.

— Alors vous savez tout ?..

— Oui. Mais avant de vous remettre ces papiers, j'ai une proposition à vous faire.

Et, dans l'oreille de son ami, il coula quelques mots brefs, précis.

— Non! non! finit par répondre le colonel. C'est impossible.. Je « bluffe » à coup sûr... Nous serons avant un mois en France... C'est matériellement impossible!..

— Après tout, répliqua James Flint après une pause, vous avez peut-être raison... Du moment que vous ne marchez pas.. vous pensez bien que je ne marcherai pas non plus...

Et James Flint conclut par ces énigmatiques paroles :

— Dieu me damne, mais je vous retrouverai certainement en France, colonel Claykston. Il faut absolument que je fasse voir à la vieille Europe comment on donne un coup de poing...

Trois semaines ne s'étaient pas écoulées qu'avait lieu le mariage de miss Laurie Claykston et de Robert d'Epagnes.

Laurie, quelques jours auparavant, avait voulu avoir avec son fiancé une explication précise.

— Robert, avait-elle dit, je suis convaincue que vous m'aimez comme je vous aime... Mais je voudrais qu'il n'y ait jamais un malentendu entre nous. Nous vivons... sur un pied très large... luxueux même. Mais j'ignore si j'ai de la fortune... Tandis que vous, vous êtes riche.

— Oui, grâce au ciel... Riche pour deux!... Et ne parlez pas de ces choses, chérie!... Qu'il ne soit jamais question d'argent entre nous...

Quelques jours après, le *Saphir* appareillait pour la vieille Europe.

Naturellement, le colonel Clément Claykston était du voyage.

II

Dans un léger nuage de poussière dorée, le phaéton reprenant sa course, contournait l'Arc de Triomphe et à un trot maintenu descendait l'avenue des Champs-Elysées.

Laurie, assise auprès de l'homme bien né, élégant et riche qu'elle aimait, se montrait ravissante aux yeux de cette société dans laquelle elle allait bientôt entrer. Quelques mois encore, quelques mois de deuil bientôt passés, et ce cercle fermé s'entr'ouvrirait pour elle. Aussi, aux saluts échangés par Robert, répondait-elle d'un petit coup de tête, révélant sa joie intime et voulant dire: « Je suis des vôtres, vous verrez bientôt combien je suis charmante. » Après avoir remonté deux fois l'avenue, le phaéton tournait sur la droite et gagnait promptement l'avenue Friedland.

Au bruit des roues, la porte vitrée s'ouvrit, et une voix forte et grasse cria:

— Ah ! vous voilà ! Eh bien ! vous en avez fait une promenade ! J'ai bien cru que vous ne rentreriez jamais !..

Très rouge, le colonel, et déjà en habit noir.

La figure de Robert s'était légèrement contractée à la vue de son beau-père qui lui avait adressé un signe de tête familier et, les bras tendus au-dessus du phaéton, disait d'un ton enjoué:

— Allons ! Sautez, Laurie !... Vous pouvez avoir confiance... Je n'ai rien perdu de mes biceps...

La jeune femme hésitait.

— Mais sautez donc, Laurie !...

Alors, elle se laissa aller dans les bras du colonel qui la déposa sur la première marche du perron.

Cette fois, Robert ne dissimula point sa mauvaise humeur.

— Il ne vous manque plus que d'exécuter des

tours de force devant les gens, gronda-t-il entre ses dents.

— Nous allons promptement dîner, je pense... J'ai une faim de cowboy, dit le colonel sans tenir compte de la boutade de Robert.

— On va sonner à l'instant, répliqua Madame d'Epagnes..

Et, légère, suivie de son mari, elle monta dans ses appartements, d'où elle descendait quelques secondes plus tard et prenait place avec Robert, en une salle à manger merveilleusement décorée.

Le colonel était déjà assis devant un grand verre de sherry qu'il absorbait d'une rasade en faisant claquer sa langue.

Les lèvres de Laurie se pincèrent et ses yeux coururent à ceux de son mari dont la contrariété allait croissant.

Durant la traversée, grâce à la compagnie du capitaine et aux jouissances du poker, le colonel avait été supportable. D'ailleurs, Laurie et Robert étaient trop enivrés par la violence de leur jeune amour.

Mais dès son arrivée à Paris, le colonel était devenu insupportable traitant l'hôtel familial en pays conquis, étalant devant la livrée ses intempérances quotidiennes.

En outre, le colonel se montrait singulièrement agressif, traitant Robert en petit garçon sans conséquence. Par moments, une brève et cinglante répartie venait aux lèvres du jeune homme, mais au prix d'un effort il lui barrait passage devant le suppliant regard de sa chère aimée.

Laurie ressentait une frayeur intense de son père. Lorsque le colonel dardait sur elle ses yeux d'un bleu de faïence, où flambait la sourde lueur de l'alcool, ce visage rosé, si délicat, se couvrait d'une couleur de marbre.

Robert se levait alors et emmenait Laurie qui, une fois seule, l'enlaçait de tendresses affamées.

Le repas était exquis; Robert ayant conservé Sima, le cuisinier chinois du *Saphir*. Le colonel dévorait, la tête courbée sur son assiette. Se tournant du côté du maître d'hôtel, qui allait et venait sans bruit, avec cette discrétion adroite des gens bien stylés:

— Pressez donc un peu le service, hein! grogna-t-il la bouche pleine.

Le domestique ne broncha point.

Tout à coup, au milieu d'un silence :

— Ah ! Laurie, ma chérie, j'oubliais !... Qui croyez-vous que j'ai rencontré ce tantôt même, au bar de la rue Royale ?..

« Voyons! Cherchez!... Un bon compagnon!... Un digne fellow.. Vous ne devinez pas?.. Non!... Voyons !... Cherchez !... Vous brûlez un peu, je pense !...

Laurie se taisait, évidemment gênée.

— Comment, vous ne devinez pas, ma chère ? C'est étonnant !... Allons ne cherchez plus... Je vais vous le dire... James Flint !... En os et en chair !... Très en forme!... Superbe!... Oh! il va certainement remporter ici un succès fou!...

Laurie ne répondit pas. Certainement la nouvelle était loin de lui causer du plaisir.

— Je l'ai invité à venir nous voir, et s'adressant à Robert: — Je vous présenterai à lui.. Un excellent compagnon... Pas son pareil au poker !... Et à table !... Il nous enterrerait tous !...

Une flamme foncée passa sur le visage de Laurie.

— Vous me ferez le plaisir de laisser James Flint là où il se trouve, n'est-ce pas !..

— Parce que ?.. ..

— Parce que James Flint n'est pas une connaissance pour Robert... Et il ne viendra pas ici...

Le colonel devint d'un rouge de brique.

— Vous vous oubliez d'une façon inconvenante ma chère.... Vous oubliez même un tas de choses... Mais enfin, passons... Je ne veux pas engager une discussion ce soir ! Nous verrons cela plus tard...

Robert demanda alors :

— Et quel est ce monsieur James Flint ?...

— Comment !... Vous ne connaissez pas Flint ?... Le champion de la vieille Amérique.

— Je n'en ai jamais entendu parler..

— Allons ! Allons ! C'est impossible... Le premier boxeur... du monde entier....

— Ah! c'est un boxeur! Ma foi, non!... Je le répète, la renommée de M. Flint n'est jamais arrivée jusqu'à moi... Ensuite, je vous avouerai, colonel, que dans notre société rétrograde et arriérée, nous n'avons pas l'habitude de recevoir ces sortes de gens.

Le colonel répondit furieusement :

— Alors, je n'aurai même plus le droit de recevoir chez moi mes amis ?

— Permettez, colonel, quand ces amis seront de l'acabit de M. James Flint, je vous demande de bien vouloir les traiter au restaurant.

— Dites-moi que je suis de trop ici !..

— Colonel, je n'ai jamais rien pensé de semblable...

Clem Clayikston ne voulut point répondre, mais il reprit à partie le maître d'hôtel en lui criant:

— Ah! çà! Est-ce que vous êtes sourd?... Je vous ai dit d'aller plus vite!... Je parle français peut-être!... En vérité, chez nous, les nègres sont beaucoup plus intelligents!... Je vous commande d'aller plus vite, parce que j'ai besoin de sortir ce soir...

« Ah! à propos, Laurie, ma chère, je vous prie de bien vouloir vous dépêcher autant que moi... Vous voudrez bien fausser compagnie ce soir à votre tendre époux. Il me permettra bien de vous enlever !... Car, je vous enlève !... Mais riez donc Laurie !...

— C'est que, je ne comprends nullement...

— Oh! je vais m'expliquer.... Voilà la chose... On joue une pièce nouvelle au théâtre des Bouffes... « Le Bœuf Apis ». Il paraît qu'il y a une fille là-dedans qui est charmante... James Flint, qui l'a vue hier, m'en a dit des nouvelles... Je tiens essentiellement à ce que vous veniez aux Bouffes... J'ai une baignoire tout à fait sombre... Vous n'avez aucune bonne raison pour me refuser ce plaisir... Vous allez mettre ce chapeau... et l'on ira nous chercher un fiacre... Dépêchons-nous.

On venait de servir le café, que le colonel, était parvenu à avaler bouillant. Robert dit très posément, mais d'une voix ferme :

— Colonel, vous me voyez désolé de vous être désagréable.... Mais Laurie ne manquera pas de faire ce que je lui demande.... Elle ne sortira pas ce soir sans moi....

— C'est absurde !....

— C'est possible !... Moi je trouve que c'est simplement convenable.... Laurie et moi, nous portons le deuil de ma mère...

Le colonel s'était levé.

— La vie n'est plus possible ici, répétait-il, plus possible !...

Se plantant droit devant Robert :

— Vous semblez ignorer, bégaya-t-il...

Le jeune homme lui coupa la parole :

— Je n'oublie rien... Je sais parfaitement que Laurie est votre fille... Mais elle est aussi ma femme.

Laurie s'était jetée entre eux.

Clem Clayikston, lui adressa, d'un coup de tête, une fulgurante menace.

Sur la table, dans un seau à glace, rafraîchissait un magnum d'extra-dry. Le verre du colonel était un hanap énorme, il le remplit jusqu'au bord et le vida d'un trait.... Un blasphème lui monta aux lèvres, il essaya d'arracher la cravate qui l'étouffait... Un râle s'échappa de sa gorge contractée. Battant l'air de ses bras, de tout son long il s'écroula sur le tapis.

Les domestiques s'empressaient.

Tandis que l'un d'eux courait chercher le docteur

Bernier, le colonel était transporté dans sa chambre. Cette pièce, très vaste, était située tout à l'autre bout de l'hôtel, au premier étage. L'oncle de Robert, l'occupait jadis lorsqu'il séjournait à Paris. Il n'avait pas donné signe de vie à son neveu depuis l'annonce du mariage de celui-ci. Il boudait, le vicomte Hector. Et le colonel ayant trouvé cet appartement à sa convenance, appréciant les avantages d'un escalier et d'une sortie dérobés, s'en était emparé sans crier gare.

On venait de le déshabiller, de l'étendre sur un grand lit de milieu, où le corps reposait allongé, rigide, inerte....

Debout, dans un coin de la chambre, Laurie se tenait à l'écart. Une indicible angoisse, une anxiété inouïe se trahissait par une agitation voisine de la folie.

La porte s'ouvrit brusquement. Un homme essoufflé apparut sur le seuil. C'était le docteur Bernier.

S'approchant du lit, il releva le drap en partie, s'empara du bras du malade, regarda la tête, l'œil surtout, rejetant au loin les compresses.

— L'alcool ! murmura-t-il haut, il est perdu... Apoplexie foudroyante... Rien à faire... Rien à tenter.. Inutile de le faire souffrir... Je n'ai rien à faire ici, mon cher enfant... Il faut, et au plus vite, envoyer chercher un prêtre...

Laurie avait entendu l'arrêt de mort; un long soupir s'échappa de sa gorge contractée... Elle était affolée et semblait avoir perdu tout sentiment.

Si bien que de ses yeux hagards, elle fixa longuement Robert sans lui répondre, lorsque celui-ci lui demanda s'il fallait envoyer quérir un pasteur...

— Oui, insista-t-il, un pasteur protestant ? Ou un prêtre catholique?... A quelle religion appartient le colonel ?...

Laurie avait fini par hésiter et bégayer :

— Je ne sais pas...

Cependant le colonel revenait à lui.

Ses lèvres murmurèrent :

— Laurie !... Laurie !... Ma chère...

Promptement la jeune femme s'approcha.

Le moribond voulait parler... Il avait quelque chose de grave à confier à Laurie. A demi, il parvint à se soulever... Un hoquet, un râle plus violent et ce fut tout !...

— Que cette jeune femme ne demeure pas ici, ordonna le docteur Bernier à Robert, elle va avoir, ou je me trompe fort, une terrible crise de nerfs...

Laurie se laissa entraîner.

Dans l'hôtel de l'avenue Friedland, la mort du colonel creusa certainement un grand vide; Laurie gardait une sorte de stupeur, l'étonnement irraisonné de se sentir libre, car le tyrannique Claykston lui inspirait au fond une véritable terreur.

Mais quelques jours ne s'étaient pas écoulés qu'une surprenante métamorphose se manifestait encore. L'humeur de la jeune femme changeait du tout au tout. Laurie parcourait l'hôtel, ouvrant, fermant les portes, repoussant tout le monde, son mari le premier, et disant à celui-ci :

— Laissez-moi ! Je veux être seule !... Vous voyez bien que vous me faites souffrir.

Ces manifestations de sa douleur étaient trop respectables pour que Robert n'accordât pas à sa chère aimée la solitude qu'elle exigeait.

Parfois durant de longues heures, elle demeurait immobile, les yeux fixes, comme si elle eût cherché la solution d'un mystérieux problème. Très inquiet Robert finissait par craindre que Laurie ne tombât sérieusement malade. Le docteur Bernier le rassurait cependant :

— Nerveuse, très nerveuse, mais bâtie à sable et à ciment, une constitution d'une résistance à toute épreuve.

Les crises de larmes étaient rares, mais un pli profond, barrait ce front naguère si pur.

Une nuit, il y avait bien quinze jours que l'excellent colonel avait rendu sa belle âme à Dieu, une nuit, Robert retiré dans sa chambre, ne dormait point et songeait tristement au chagrin de sa compagne, un bruit, celui d'une porte refermée avec un soin extrême, éveilla son attention. C'était évidemment Laurie qui venait de quitter sa chambre pour aller où ?... Il voulait le savoir... et, se vêtant à la hâte, il sortit à son tour et, tout au bout du corridor, il aperçut la jeune femme qui, une bougie à la main, se dirigeait vers l'endroit où se trouvait l'appartement qu'avait occupé le colonel.

A distance, Robert la suivait sur la pointe des pieds, par la porte entrebâillée, il put voir Laurie, très agitée, qui allait et venait au travers de la grande pièce et semblait chercher dans tous les coins. Elle finit par s'asseoir devant un vieux bureau à cylindre, qui servait au colonel pour sa très rare correspondance. Ce meuble, une fois ouvert, présentait un nombre infini de tiroirs, et d'une main nerveuse, agitée, la jeune femme les ouvrait, les inspectait soigneusement l'un après l'autre.

A cet instant, Robert crut devoir se montrer et apparut sur le seuil de la porte.

Brusquement, Laurie s'était retournée, laissant échapper un cri de terreur. Mais déjà Robert était près d'elle.

— Que faites-vous là, ma chère, à renouveler vos chagrins?... Sans doute, je comprends votre peine si cruelle !... Mais, ne suis-je pas là !... Est-ce que je ne vous reste pas...

Laurie se levait. Un tremblement violent s'était emparé d'elle ; elle se jetait au cou de son mari à demi pâmée, et aplatie contre sa poitrine, elle s'écria :

— Ah ! que je suis donc malheureuse !...

Et elle tomba en proie à une violente crise de nerfs.

Robert l'avait portée sur une chaise longue; il cherchait vainement à la calmer, avec de douces paroles. Et elle le repoussait, se débattant, cherchant à se relever, voulant fuir. Enfin, il l'enleva dans ses bras nerveux, parvint jusqu'à sa chambre et étendit l'exaspérée sur son lit où elle demeura sans forces...

L'inquiétude de Robert était devenue une véritable angoisse. Quand reviendrait-il le maître du cœur de sa Laurie adorée ?... Certes, Clem Claykston, était essentiellement et constamment désagréable, mais Robert en arrivait à regretter le colonel !...

Laurie s'était quelque peu calmée, à la suite de la violente crise de nerfs. Certes, elle se montrait toujours agitée mais elle se soumettait à de visibles efforts pour demeurer maîtresse d'elle-même.

Quelques jours s'écoulèrent encore sans apporter un changement quelconque à la situation. Un matin, rentrant en victoria sur le midi, il dressa la tête, en proie à une violente inquiétude : une foule agitée, curieuse, encombrait les abords de l'hôtel. Un sergent de ville du quartier s'avançait et le rassurait d'un mot : une alerte, un commencement d'incendie, immédiatement étouffé. Un lit brûlé, pas même de dégâts, en somme, rien... Et la foule se dispersait d'elle-même.

En rentrant à l'hôtel, Robert d'Epagnes trouva toute la maison en émoi, sauf Laurie, qui avait conservé tout son sang-froid et se bornait à répondre à son mari :

— Mais pourquoi tout ce bruit... Il n'y a de brûlé que le lit du colonel !...

Le calme renaissait bien vite après cette courte panique, mais il restait à établir les responsabilités. Le feu ne prend pas tout seul, et Robert, après avoir inspecté l'appartement, voyant le lit brûlé, avec ses tentures, acquérant la certitude que Laurie avait dû revenir, et à la suite d'une imprudence, allumer cet incendie.

Mais l'inquiétude imprécise de Robert se dissipait... L'humeur de Laurie changeait encore ! La jeune femme redevenait tout ce qu'elle était avant la mort du vieux Clem, entourant son mari de passionnée tendresse.

Trois jours de cette céleste fête et Laurie lui disait :

— Vous ne m'aimez pas, Robert !...

— Comment, Laurie !... Ma bien-aimée Laurie !... Je ne vous aime pas!... Quand vous êtes toute ma vie !...

— Non ! non ! Vous ne m'aimez pas !...

— Mieux que moi vous savez, Laurie, que je vous adore !

— Des mots ! Des mots !

— Mettez-moi à l'épreuve.

— Oh ! je suis bien certaine que vous vous empresseriez de me refuser le premier témoignage d'amour que je tenterai d'obtenir de vous.

— Pourquoi me taquiner ainsi, ma chérie !... Avez-vous une fantaisie, une folie même ... Fût-elle irréalisable, je ferai tout au monde pour la satisfaire...

— Vous rappelez-vous le vers du poète : « Ne regarde pas cette étoile, je ne saurais te la donner. »

A cet instant, Robert trembla de se heurter à une impossibilité irréalisable.

— Évidemment, elle veut quelque chose. Elle a une envie, un désir qu'elle hésite à me faire connaître. Mais quoi ?...

Alors à mi-voix, elle révélait ce gros secret qui tant lui tenait au cœur.

— Eh bien, oui ! J'ai une envie !.. Une envie folle! J'ai pris Paris en aversion.

— Emmène-moi, mon Robert ! Emmène-moi d'ici... ou, j'en suis certaine, j'y mourrai !

Quel soupir de soulagement s'échappa de la poitrine du jeune homme !... Comment !... Ce n'était que si peu de chose ! Et lui qui s'effrayait. Un voyage !... Laurie voulait voyager !... Mais... tout de suite !... Sur l'heure !...

Laurie continuait avec sa voix ensorcelante :

— Oui ! darling, partons !... Emmène-moi loin !... bien loin !... Que je sois à toi tout entière !... A toi seul !... A jamais !... Tenez, Robert !... Retournons à bord du « Saphir », de notre « Saphir » !... Là où nous avons été si heureux!... Le voulez-vous, dites!

A ces derniers mots, sur le visage de Robert, où elle lisait si bien, elle avait pu voir une hésitation évidente.

— Ah! quand je vous disais... Je le vois bien, vous me refusez...

Robert la calmait et tout en la cajolant.

— Mais non !... Je ne vous refuse rien, mon amour ! Je cherche seulement le moyen pratique.

— Auriez-vous vendu le « Saphir », par hasard ? Si vous aviez commis cette mauvaise action-là je ne vous la pardonnerais jamais.

— Mais non ! Mais non ! Le « Saphir » n'est nullement vendu !...

— Vous me le jurez sur votre honneur ?...

— Sur l'honneur.

La vérité c'est que si le « Saphir » n'était point vendu, Robert d'Epagnes l'avait mis en vente chez les frères Le Normand, ses constructeurs. Le « Saphir » était une charge très lourde, et Robert une fois terminé son voyage de noces, avait écrit à MM. Le Normand de chercher acquéreur. Immédiatement, il allait télégraphier, prier les constructeurs de réengager un équipage, de retrouver l'ancien et avant tout le capitaine Morton. On emmènerait Sima... Enfin, il allait faire le possible et l'impossible.

— Et nous partirons pour le Havre, pour presser le réarmement ?

— Quand vous voudrez.

Laurie s'élança au cou de son mari.

— Oh ! — fit-elle d'une voix concentrée — comme je t'aime, mon Robert chéri !...

Depuis la certitude d'un prochain départ, Laurie ne pouvait tenir en place, la bouche rieuse et les yeux humides et tout pétillants de désirs. Que de courses en retard, que de préparatifs en double ! Il fallait forcément se séparer et sillonner Paris chacun de son côté. C'est ainsi que Laurie se trouvait le lendemain seule, dans un fiacre, place du Palais-Royal. Là, rapidement, elle griffonnait une dépêche et rentrait à l'hôtel où elle déjeunait au galop. Puis elle ressortait en voiture et se faisait conduire à la Madeleine. Là elle pénétrait dans l'église, la traversait, sortait par l'autre porte, et marchant droit à la station des fiacres elle donnait par la vitre du devant, une adresse au cocher, et le véhicule filant rapidement, remontait bientôt la rue d'Amsterdam, traversait le boulevard, s'enfonçait dans des rues étroites et sombres et s'arrêtait à la grille du square des Batignolles.

Rencoignée dans un coin du fiacre, la jeune femme s'était métamorphosée. Ce n'était plus la tendre Laurie. Sa bouche, si merveilleusement ourlée d'ordinaire, s'arquait en un pli amer, féroce...

Elle avait mis pied à terre et pénétrait dans le square, désert encore.

Sur un banc, un homme semblait attendre, car sa tête bouffie et rougeaude se relevait de temps à autre et dardait ses petits yeux obliques du côté de la grille. Il était vêtu d'un complet gris et jaune, coiffé d'un chapeau melon à très petits bords retroussés, ayant aux pieds des souliers jaunes, il tenait à la main un court rotang.

De taille moyenne avec de longs bras auxquels semblaient à tout mouvement devoir faire craquer gilet et veston, la force de ce taureau devait être redoutable. Sa face patibulaire, son énorme cou, à plis gras, ses narines d'ivrogne, tout se trouvait réuni en cet être repoussant et ignoble, pour inspirer à la fois le dégoût et la terreur.

Laurie, l'apercevant de loin, avait laissé échapper une exclamation satisfaite.

— Flint ! Mon bon Flint !... Je suis bien contente de vous revoir !... Merci d'avoir répondu à mon appel.

Alors, d'une voix à la fois aigre et grasse :

— James Flint sera toujours aux ordres d'une belle créature telle que vous, Laurie... Est-ce que ça ne marcherait pas bien avec votre jeune époux. James Flint serait trop heureux de le mettre à la raison!... Rien qu'avec ça!

Et James Flint, le boxeur, l'ancien ami du défunt colonel étala l'assommoir qui lui servait de poing.

— Non ! non ! Merci, Flint !... Merci, mon cher, ce n'est point de cela qu'il s'agit...

— Tant pis ! ma chère !... tant pis ! Je me rouille, chère Laurie... Personne ne veut plus se mesurer avec moi... Ils ont peur... Je serai dans la nécessité de chercher querelle à un charretier pour me payer un bon « fight ».

— Non ! Je vous dis, pas ça... Pas ça...

— Eh bien ! quoi, alors, ma petite Laurie ? Vous ne m'avez pas fait venir ici pour gober des mouches. Allons, parlez!... Je vous ai promis d'être tout à vous, Laurie, je ne m'en dédierai jamais...

— C'est très difficile à expliquer, James Flint... Très difficile... Tendez l'oreille... plus près encore, et vous allez savoir le service que j'attends de vous...

Et alors tout bas, à mots entrecoupés et concis, elle lui coula dans l'oreille, une phrase émouvante à coup sûr, car James Flint tressauta sur le banc.

— Il ne faut pas dire : « Non ! non ! » comme vous le faites, Flint... Songez que je n'ai plus que vous pour ami... Je compte sur vous, mon bon James !... J'y compte absolument !...

Le visage du boxeur exprimait une terreur irraisonnée. Mais la sirène ne se décourageait point, elle continuait à répandre son charme ensorcelant dans l'oreille velue de James Flint... Que lui promit-elle ?...

Toujours est-il qu'il cédait peu à peu, et qu'à la fin :

— Oh! Laurie! ma chère Laurie!... Vous ferez

toujours de moi ce que vous voudrez !... Seulement c'est joliment roide !

Certainement, de toutes ces courses c'était celle-là la plus importante, car le fiacre la descendit, après deux ou trois courts arrêts dans des magasins, à la porte de son hôtel où placidement, elle attendit la rentrée de Robert.

Celui-ci avait l'air fort contrarié.

— Qu'est-ce qu'il y a encore? demanda Laurie, après avoir mis ses beaux bras autour du cou de son mari.

Rien et cependant quelque chose. La jeune femme le poussait et, ferme et sans relâche, laissant transparaître sur son joli visage les sentiments violents qui s'agitaient en elle. Enfin, à bout de forces, il laissa échapper un mot. Il y avait un « accroc » !...

Laurie, se recula froidement, s'assit sur un pouf.

— Alors nous ne partons plus !

L'autre se démena.

— Mais si, ma chérie, mais si, je te l'ai promis... C'est juré, c'est chose sacrée.

— Eh bien! Alors?

— Oui, alors!... ce sera plus dur, parce que j'avais une combinaison ?...

— Puis-je la connaître ?

— Certainement, bien que je trouve fort inutile de vous mettre au courant d'affaires, de chiffres...

— Ne vous embrouillez pas dans vos phrases... Voyons votre combinaison.

— Eh bien ! Il ne faut pas se le dissimuler, ce réarmement du « Saphir » est une grosse affaire... Une lourde charge... Je vous ai dit que tout était arrangé, les ordres sont donnés, il va être prêt dans deux ou trois jours... Donc, premier débours. Ensuite, le voyage que nous allons entreprendre... que ces grandes excursions soient faites avec le plus grand confort, comme je désirerais que par moi vous fussiez la créature la plus heureuse de la terre.

— Ça ne me dit toujours pas la « petite combinaison ».

— J'y arrive, ne vous impatientez pas. Donc, de l'argent, beaucoup d'argent, et pour avoir beaucoup d'argent il n'y a qu'un moyen... vendre de la rente, d'un seul coup... Mais cela laissait un trou incomblable, car nous n'avons pas l'intention de nous restreindre... C'est alors que j'ai trouvé la combinaison. J'ai en Sologne, tout à côté de ma tante de Lucelles, un bien important, la Herche, de nul ou de très insignifiant rapport... Nous avons d'autres propriétés dans le Nivernais et la Touraine, jamais nous n'irions nous enterrer à la Herche... J'ai donné l'ordre à mon notaire de vendre ce bien coûte que coûte. Je sais que des voisins des longtemps le convoitent... Ce sera donc très peu compliqué. Ça fera bien criailler un peu ma tante de Lucelles, mais comme nous ne sommes pas destinés à vivre avec elle... La voilà, ma combinaison.

Laurie l'approuvait fort... C'était bien là de l'argent liquide sur une signature, sans toucher au gros de la fortune.

— Eh mais, c'est très bien... Pourquoi ne m'avoir pas dit cela, tout d'abord... Où est-il l'accroc?...

— Je croyais que Me Fortier possédait les titres de la Herche, et pas du tout, ils étaient entre les mains de ma pauvre chère maman. Où sont-ils?... Je n'en sais rien... J'ai déjà tout mis sens dessus dessous chez moi... et n'ai rien trouvé... Après le dîner, je vais chercher encore...

Alors, la glace se fondit, Laurie redevint charmante. Ce n'était rien que cet accroc. On allait réellement partir...

Délectable le dîner, Maître Sima s'était réellement surpassé. Le café humé :

— Je ne vous prie pas de m'accompagner... Je vais pratiquer ma fouille.

— Oui, vous avez raison, car j'ai horreur des vieux papiers.

Laurie se mit en devoir de fumer force cigarettes, la tête appuyée sur sa main, en proie à une réflexion concentrée.

Robert, une fois sorti de la salle à manger, s'était dirigé vers les appartement du colonel.

— Ce doit être là... J'en jurerais...

Et il s'assit en face du bahut Renaissance, dont la carrure, massive, semblait vouloir défendre les secrets confiés à ses flancs.

Robert abattit le tablier servant de bureau, et alors l'intérieur du cabinet apparut. Une foule de recoins, de tiroirs, des cachettes dont la profondeur et l'épaisseur du bahut révélaient la présence.

Robert avait beau fouiller, il ne trouvait rien.

Le meuble antique, se défendait énergiquement contre les poussées et les pesées.

— Quand je devrais finir par le démolir, il faut pourtant bien que j'y arrive. Ma foi, tant pis... Qui veut la fin veut les moyens.

Et sortant de sa poche un solide couteau, il se mit en devoir d'attaquer le cabinet.

Oh ! ce ne fut pas long ! la boiserie craqua, faisant éclater l'un des supports ; laissant voir son chapiteau monté sur une tige. Robert appuya sur ce bouton et un déclic se produisit. La cave était ouverte.

Robert plongea l'avant-bras dans l'orifice et sa main se heurta aussitôt à des rouleaux de vieux papiers. Dès le premier coup d'œil il put se convaincre qu'il tenait bien enfin les titres de propriété de la Herche! Il poussa un soupir de satisfaction.

« Nul n'échappe à sa destinée », dit un proverbe arabe !

Il pouvait facilement s'en tenir là, refermer le bahut et, rejoindre Laurie. Pourquoi, en proie à une curiosité inconsciente, replongea-t-il la main dans la cave ?...

Un léger mouvement de surprise ; sous ses doigts, ne venait-il pas de sentir le contact d'une photographie d'un assez grand format ?

Il l'attira à lui, la mit en pleine lumière et poussa un cri de stupeur.

La photographie représentait Laurie en travesti !

III

Et quel portrait... Quel travesti!... En un maillot de soie pailleté, Laurie se montrait quasi nue.

Sûre d'elle-même, de son insolente beauté, elle avait sur les lèvres le sourire d'une danseuse achevant sa pirouette.

Entre ses doigts crispés, Robert conservait l'odieux carton et ne pouvait en détacher ses regards, hésitant à comprendre.

Alors ! envahi par une insatiable fureur, il voulut voir, il voulut savoir !

Et sa main à nouveau, fiévreusement plongea.

Et aussitôt, il rencontra des photographies en nombre. Laurie, toujours en maillot ! Et encore !... Et toujours !...

Accrochée par les dents à un minuscule trapèze, Laurie, la belle, l'adorée Laurie, traversait l'espace, les bras étendus, ses cheveux d'or inondant ses épaules !

Et combien d'autres ! Laurie à cheval, envoyant des baisers à la foule idolâtre ! Laurie sautant à travers des ronds en papier !

Enfin Laurie donnant la main au colonel Clem Claykston en habit noir !

— La misérable ! la misérable gronda Robert.

Les photographies ne suffisaient plus à Robert, malgré les dédicaces précises, qui ne lui permettaient plus aucun doute.

« A Clem Claykston, son amie de cœur !... A C. Claykston, sa bien-aimée! A Clem Claykston pour la vie !... »

Après ! tout un paquet d'intraduisibles lettres, dans un style le plus libre et le plus trivial.

Toutes étaient datées. Dans nombre d'entre elles, sans doute écrites durant une courte absence du colonel, il était question d'un jeune « pigeon français ». Clem et Laurie pourraient plumer le gras « pigeon français » tout à l'aise!...

Ah ! qu'il souffrait le malheureux !...

Il ne pleurait pas! le malheureux!... il riait!... Il riait du rire aigu de la haine !...

Il se roidit cependant, et prenant dans ses mains crispées les portraits et les lettres, il quitta la chambre du colonel, et se dirigea d'un pas rapide vers le salon où l'attendait Laurie.

A demi-étendue sur une chaise longue, elle rêvait. Quelques heures encore et elle serait libre, mettant l'univers entier entre elle et son odieux passé.....

Ses yeux coururent à ceux de Robert.

Et elle murmura entre ses lèvres toutes blanches:

— Il a trouvé !...

Robert laissa tomber sur elle un regard pesant comme le plomb !

Entre eux le silence ! Le silence de la haine !

Il parla, cependant, d'une voix d'autant plus terrible qu'elle avait le calme suprême d'une inflexible résolution.

Avant l'entrée de Robert elle était pleinement heureuse, Laurie, et... tout s'effondrait, c'était la ruine de tout !

Un mot, un regard peuvent effacer des années de joies!... Ce mot, il le prononça!...

— Tenez !, et il lui jeta sur les genoux les portraits-cartes et les lettres, voilà la boue d'où vous sortez !...

Laurie n'essaya pas de lutter, de mentir!... A quoi bon ?... Elle était vaincue.

Quant à Robert, il se sentait de fauves envies de l'étrangler !...

Laurie parvint à se lever, et le regarda de si près qu'on eût dit qu'elle allait lui sauter au visage.

— Ecoutez-moi Robert !... Un mot !... Rien qu'un mot.

Il étendit la main, voulant la faire taire.

— Oui, poursuivait-elle, je sais, je sens que tout est fini entre nous !... J'ai été tout ce que vous savez... peut-être pis encore !... Mais, ce que vous ne savez pas, ce que vous ne croirez jamais, et je le jure, cependant, sur tout ce que qu'il peut y avoir de plus sacré au monde, c'est que, si dégradée, si avilie, je vous ai aimé, je vous ai adoré!... Et c'est vrai! c'était vrai tout à l'heure encore!

— Fille de boue!... Pourquoi mentez-vous toujours !... Croyez-vous donc pouvoir continuer à plumer ce « pigeon français » tombé entre vos mains ??...

— Je vous dis! Je vous répète que je vous aimais! Que je vous adorais !.. Que Claykston... Je l'avais pris en horreur!... Pour moi, vous n'étiez pas un homme, vous étiez un dieu !..

— Taisez-vous !... Ce sacrilège est inutile !.. Je ne vous crois pas !.. Je ne vous croirai jamais.

Etendant les bras, il lui montrait la porte !..

— Partez ! Partez ! Je vous chasse !... Emportez ce qui est à vous !...

Elle haussa les épaules.

— Je n'ai rien à moi! Tout vous appartient!... Moi, je n'ai besoin de rien.. Je sais gagner ma vie... Où... Comment?... Vous le savez bien!... Dans la boue où vous me replongez !.. Car j'en étais sortie!.. Oui!... Riez encore!... Moquez-vous!... Vous avez tous les droits!... Vous êtes le maître!...

Les bras croisés, le regard morne, il la laissait parler sans l'écouter.

Elle poursuivait encore:

— Oui! c'est stupide de vous dire cela, et cependant il faut que vous le sachiez ! J'étais devenue une honnête femme !.. Telle que j'étais, autrefois, il y a longtemps.. alors que j'avais toute petite, un père, une mère!... Alors, après m'être moquée... j'ai trouvé en vous... mon sauveur!... Oui, je suis tombée!... avant!... mais depuis votre amour... j'étais une autre! Ah! avant de tomber, j'ai bien lutté, allez... J'ai voulu travailler, rester honnête!... On m'a laissée crever de faim!... Vous ne savez pas ce que c'est que d'avoir faim, Robert!... J'ai subi cela et bien d'autres tortures encore!... Et puis, et puis à bout de forces... J'ai été vaincue!... J'ai été vendue!..

— Vous avez tout dit je suppose?...

— Non, pas encore !... Je vous aimais !.. Vous n'avez pas eu pitié de moi !.. Maintenant, je vous hais !...

Il haussa les épaules, méprisant.

— Et j'ai donné mon nom à ça!...

— Votre nom !.. Votre nom !.. Vous croyez donc avoir tout dit avec votre nom !.. Pourquoi ne me jetez-vous pas aussi votre fortune à la face !.. De l'argent !.. Soyez sûr que j'en aurai, plus que je n'en voudrai !... Mais, ce que vous ne savez pas, Robert!... c'est que j'emporte ma vengeance!...

Un méprisant sourire passa sur les lèvres du jeune homme !..

— Oui, riez!... Riez encore!... Riez toujours!... J'emporte avec moi ma vengeance !.. Dans quelques mois.. je serai mère !.. Vous entendez bien, Robert!.. Ce secret, je vous le cachais pour pouvoir vous l'apprendre... entre deux baisers!.. Eh bien!... vous ignorerez toujours la destinée de cet enfant!... Et vous me retrouverez sur votre route; cela je vous le jure! Comment en arriverai-je à me venger de vous? Je ne sais, mais je chercherai.. je trouverai !...

Arrivée au paroxysme de la fureur, elle hoquetait. Robert sortit sans détourner la tête.

Laurie, la porte fermée, s'écroula de tout son long.

Lorsqu'elle revint à elle, elle était seule. Combien de temps avait duré son évanouissement?... Elle ne savait.

— Oh! oui! Je me vengerai... Je trouverai le moyen de me venger de vous, Robert !..

Elle courut à sa chambre à coucher, ouvrit son armoire à glace, entassa dans un réticule les bijoux lui appartenant et sonna.

— Un manteau, Justine, et allez me chercher une voiture.

— Mais, madame, il est trois heures du matin!

— Vous ne comprenez plus le français, ma pauvre fille. Je ne vous demande pas l'heure, je veux une voiture...

— Bien, madame.

Un fiacre de nuit passait, traînard... Justine l'arrêta et revint aussitôt.

— Madame, la voiture est avancée.

— Bien, je vous remercie.

Elle franchit la porte.

— Tenez, j'oubliais !.. Vous remettrez cela à monsieur.

« Cela », c'était un simple petit jonc d'or auquel la veille encore, elle tenait plus qu'à tous les trésors de la terre!... « Cela » c'était son alliance!...

Et le fiacre se perdit dans la nuit.

Pour Robert, rentré dans son appartement, il s'effondra sur un fauteuil, en proie à une véritable agonie morale.

Dans le vaste monde, il était seul!...

Après cette catastrophe, ce que fut son existence, on le devine; des jours suivis de nuits, sans désirs, sans envie, sans sommeil.

On sait ce qu'il est convenu d'appeler: s'étourdir. Par tous les moyens, il le tenta, et tous les moyens lui donnèrent également la nausée. Paris lui faisait horreur.

Vrai de point en point l'ignoble passé de Laurie! Fille naturelle d'un riche banquier de New-York, recueillie par celui-ci à la mort de sa mère, elle perdait son père à l'âge de quatorze ans. Nul testament. Aucune précaution n'avait été prise par le banquier, enlevé à cinquante ans par la rupture d'un anévrisme.

Les héritiers sans le moindre scrupule, traitaient

la petite Laurie Hawke comme si elle n'eût jamais existé, et la jetaient à la rue, le jour même où on la renvoyait de l'institution élégante où elle était élevée avec des filles de milliardaires de la Cinquième Avenue.

A la rue et rien !...

Quelques bijoux sur la vente desquels on l'avait indignement volée, c'était tout ! En peu de temps, elle voyait la fin de la pincée de pièces d'or, sa seule fortune... Alors elle connut les longs jours sans pain, les interminables nuits glaciales passées entre les caisses ou des barriques déchargées sur les quais de la Batterie. Très forte, d'une intelligence primesautière et affinée, elle résistait. En peu de temps, vicieuse jusqu'aux moelles, elle avait été fille de bar, danseuse, acrobate, quoi encore ?.. Tombant enfin dans les mains de cette canaille de Clem, qui devenait son barnum, l'exhibait, l'exploitait, devinant en cette fille d'une radieuse beauté, une véritable mine d'or. Un accident arrivé dans un cirque, entravait momentanément sa carrière, à l'instant même où elle faisait courir le public de toutes les grandes cités du Nord-Amérique.

Le fil d'archal se rompait et elle se brisait les deux jambes.

C'est à cet instant, dans une petite voiture poussée par le colonel Clayksion, que Robert l'avait rencontrée sur la plage de Long-Island.

Inutile de dire que ce bandit de Clayksion n'avait jamais été colonel. Ses expéditions contre les Indiens, du bluff; ses combats dans les prairies, du bluff, toujours du bluff. Il n'y avait de vrai que son flair pour les bonnes affaires, son goût prononcé pour le poker et pour les stimulants. Ce qu'il avait su faire, c'avait été de lancer Laurie Hawke et de la mettre à la mode, grâce à de fantastiques réclames.

Puis un beau jour, sur la plage de Long-Island, Clem et Laurie s'étaient bien vite aperçus qu'un jeune Français s'éprenait follement de la jolie blessée. Références prises, le jeune français était de bonne maison, portait un très beau nom, et surtout, oh! surtout, possédait une très grosse fortune.

L'action immédiatement s'engageait et Robert ne demandait qu'à capituler le plus vite possible.

Pour laisser plus de liberté aux jeunes gens, Clayksion, appelé à New-York par James Flint, s'absentait pendant quelques jours. C'est de là qu'il avait écrit à Laurie ces lettres si explicites, dans lesquelles il était parlé de ce jeune et gras « pigeon français ».

Laurie avait répondu à ces lettres... Oh! qu'elle le regrettait à cette heure! Une femme ne doit jamais écrire. En fin matois, en vieux renard, Clayksion avait repris ses lettres, gardant précieusement celles de Laurie.

A une interrogation de la jeune femme, il avait négligemment répondu qu'il avait brûlé tout ce fatras. Il s'en était bien gardé et lorsque Laurie avait épousé son cher mari en justes noces, — grâce à un état civil dûment fabriqué et payé comptant par le colonel — ce gredin de Clayksion ne s'était nullement gêné pour pratiquer le plus immonde des chantages.

— Ma chère, lui avait-il dit simplement, retenez bien ceci: c'est que je n'ai brûlé aucune de vos lettres, pas plus qu'une seule des miennes!... Et s'il vous prenait l'envie, d'aventure, de procéder à mon égard de la dernière des ingratitudes....

— Que ferez-vous, horrible ivrogne ?

— Oh! une chose toute simple : je remettrais ou je ferais remettre notre instructive correspondance à ce pauvre Robert, qui n'en peut mais, en accompagnant ces missives de toutes vos photographies en costume.

— Vieille canaille!...

— Pas de gros mots ! Pas d'injures ! Ne manquons point à ce que nous devons l'un à l'autre et restons en joie !..

Laurie se l'était tenu pour dit et avait dû capituler avec la rage au cœur.

Oui ! Elle s'était éprise, sincèrement éprise de ce beau, bon, brave et loyal Robert ! De tout son cœur, elle s'était mise à l'aimer loyalement ! Maudissant son passé, exécrant Clayksion, elle se désespérait, lorsque celui-ci lui lançait un regard de bagne !

Ah! quel soupir d'allégeance lorsqu'elle l'avait vu s'écrouler, foudroyé par l'apoplexie. Durant les dernières secondes, qui lui restaient à vivre, il lui avait bien fait signe qu'il voulait lui parler. Evidemment, il voulait au seuil de la mort, la délivrer, lui faire connaître l'endroit de la cachette. Discrètement Robert ce pauvre, ce naïf Robert, qui croyait plus que jamais à la paternité du colonel, s'était retiré au fond de la chambre. Clayksion n'avait pu parler, non plus que faire un geste. Et il emportait ce secret mortel.

Ah ! les avait-elle cherchés, ces portraits et ces lettres !... Avait-elle mis tout sens dessus dessous ! Oui ! elle avait tout fait !... Elle avait été jusqu'à aller trouver James Flint, pour lui demander... de mettre le feu à l'hôtel, afin que tout son passé disparût avec ces horribles papiers et ces affreux cartons.

Enfin, elle réussissait à décider Robert à réarmer le « Saphir » ! Ils s'en iraient loin, bien loin, à travers le monde, emportant leur bonheur avec eux !... Et tout s'écroulait en la durée d'un éclair !... Et dans ce cœur envahi par un furieux amour, il n'y avait plus place désormais que pour la plus implacable des haines !...

Lui, éperdu, il ne savait que faire, que devenir!... Combien de temps continuerait-il à être torturé ainsi ?... Et il se demandait chaque matin et chaque soir :

— En quel lieu du monde pourrai-je aller cacher ma douleur ?

D'un trait de plume, avant tout, il vendait le « Saphir ». Mais Paris l'obsédait, lui faisait horreur !

Vendus les chevaux, les attelages ; les domestiques congédiés. L'idée d'habiter encore l'hôtel de l'avenue Friedland lui soulevait le cœur. Il était allé se réfugier dans un hôtel de la place Vendôme.

Un matin il finit par se dire :

— Si l'existence que je mène dure encore quelque temps, ou je me tuerai, ou je deviendrai fou!...

Ses yeux tombèrent à cet instant sur un portrait de sa mère.

— Maman ! murmura-t-il, tandis que des larmes brûlantes inondaient ses joues, prie pour moi !... Conseille-moi!...

Et, sans le vouloir, d'instinct il pensa à la sœur de celle-ci, à sa tante de Lucelles, une femme exquise, parfaite, qui l'avait outrageusement gâté. Et il songeait aussi à la Herche, cette terre de Sologne, jouxtant les biens de Mme de Lucelles, terre dont il avait voulu se débarrasser.

Il irait s'enterrer à la Herche. Il chasserait, il pêcherait, il ferait de l'agriculture et de l'élevage... Et il verrait chaque jour sa tante de Lucelles qui serait si heureuse de l'avoir auprès d'elle.

Vite, son parti pris, Robert quittait avec une sorte de joie ce Paris maudit où il avait tant souffert.

Mme de Lucelles touchait à la cinquantaine; elle avait été fort jolie, elle l'était même encore.

Ayant adoré son mari, ignorant la coquetterie, elle avait été profondément malheureuse, après avoir fait un mariage d'amour.

Ce n'était pas que le comte Hector de Lucelles fût un méchant homme. Il avait toujours traité sa femme avec la politesse la plus exquise y ajoutant même parfois une véritable tendresse. Mais ces intermittences ne faisaient qu'aviser les plaies toujours saignantes que la pauvre femme gardait au cœur.

A tous les deux, l'amour était la grande affaire de la vie; mais pour M. de Lucelles, ce n'était que la poursuite d'un plaisir que pimentait l'inconstance, tandis que la passion de Mme de Lucelles était unique.

M. de Lucelles était charmant, irrésistible. Esprit vif et coupant, et tournant tout en plaisanterie, ayant pour devise : « Toutes servir. »

En réalité, ce n'était qu'un adorable égoïste, auquel il était impossible d'en vouloir longtemps.

Son aimable femme lui cachait soigneusement ses pleurs.

Le comte Hector n'en demandait pas davantage, il revenait à elle, la pressait sur son cœur, et... repartait de plus belle.

— Etes-vous heureux, au moins? l'interrogeait-elle parfois.

— Parfaitement heureux, ma chère. Je vous ai, vous qui êtes la plus jolie. Nous sommes riches, nous nous portons bien. Je possède des nerfs d'acier, le jeu m'ennuie... Une seule chose m'effraie... C'est de songer qu'un jour il va falloir vieillir !... Ah ! que la vie m'aura semblé courte !...

Elle devait être très abrégée, en effet, à la suite d'une très vulgaire aventure. Lord Lifton voyait d'un mauvais œil le flirt très avancé de lady Lifton avec M. de Lucelles. Une rencontre devenait inévitable à la suite d'une courte discussion mouvementée. Et le comte recevait une balle en plein corps.

Pendant six semaines, il traînait.

Avec l'acharnement du désespoir, Mme de Lucelles défendit son mari nuit et jour.

— Chère Renée, lui dit celui-ci, quelques heures avant le dénouement fatal, j'ai dû vous rendre bien malheureuse.

— Non ! non ! mon ami !... J'ai été pleinement heureuse auprès de vous... Plus que toute autre femme... Je ne vous en ai jamais voulu... Ne me reveniez-vous pas toujours.

— C'est qu'entre toutes, vous avez toujours été la plus chérie !...

— Ah! mon cher aimé, fit la pauvre femme, que ce mot efface de tristes choses... Je ne pouvais vous en vouloir, d'ailleurs... La faute en était à moi, sans doute, qui ne savais point vous retenir auprès de moi...

Hector de Lucelles attira sa femme à lui, lui donnant un baiser où passa son âme.

Quelques heures après, il mourait, laissant dans le cœur de cette femme, qui l'avait adoré, un indestructible souvenir.

Mme de Lucelles s'était retirée à la campagne, en Sologne, à Montclair, dont les bois jouxtaient ceux de la Herche. Encore jeune, toujours jolie, elle vivait là, avec ses souvenirs, ne voisinant point, ne recevant pas.

Une infirmité était venue l'atteindre. Rongés, brûlés par les larmes, ses yeux avaient terriblement baissé.

Cette vie si régulière allait être troublée par l'arrivée de Robert d'Epagnes.

Pour la centième fois peut-être, Mme de Lucelles relisait le très bref télégramme qui l'inquiétait.

— Pas un mot de sa jeune femme ! Mais il vient donc sans elle ?

Le mariage de son cher neveu, lui avait inspiré à la fois de la surprise et de la crainte. D'instinct, elle se méfiait de ces unions contractées à l'étranger. Pour se marier, il fallait se connaître, pouvoir s'apprécier dès longtemps, dès l'enfance. Et son neveu, n'avait pu entrevoir celle dont il avait fait sa compagne pour toute la vie, que durant quelques jours à peine. Les portraits de Laurie, avaient peu modifié ses inquiétudes.

— Elle est bien belle!... Trop belle même!... Quels yeux !...

En dehors de cette capiteuse beauté, Mme de Lucelles trouvait à sa nièce un air... indéfinissable, l'air d'une femme connaissant trop le prix de son idéale perfection.

Elle attendait donc, anxieuse.

Un lointain bruit de grelots, et une centenaire guimbarde traînée par deux rosses étiques, pointa au bout de l'avenue des châtaigniers.

— Madame, voici M. le comte.

Mme de Lucelles était déjà sur le perron.

— Mon cher enfant !... Je ne pensais pas avoir le bonheur de te revoir... si tôt.

— Ni moi non plus, ma chère tante...

Mme de Lucelles entraînait son neveu dans le petit salon du rez-de-chaussée. Une fois là, avec une infinie tendresse, elle l'embrassa à diverses reprises.

Alors lui mettant les mains sur les deux épaules.

— Voyons ! Qu'est-ce qu'il y a ?... Dis-moi tout.

Les larmes, les premières, inondèrent le visage de Robert.

— Il y a !... Il y a !... que je suis le plus malheureux des hommes !...

— Toi ! Pourquoi ? Comment ?

— Oui ! Le plus malheureux !... La femme que j'ai épousée, que j'ai adorée... il y a que cette femme est non seulement indigne de moi!... Elle est la dernière des misérables!...

Et il lui dit tout!...

Mme de Lucelles ne l'interrompit, que pour lui répéter :

— Oh! mon pauvre enfant!

Son cœur se déchirait en face de cette jeune existence flétrie !... Non ! Pas de remède à la douleur de ce jeune homme !... Catholique fervente, elle ne pouvait admettre le divorce. Elevé d'ailleurs en ces idées d'une rigidité inflexible, Robert d'Epagnes n'y avait du reste point songé.

C'était fini !... Impossible de revenir en arrière, de détruire ce passé odieux.

Mme de Lucelles, atterrée, ne cherchait même pas à offrir à Robert des consolations inutiles et banales.

— Je t'ai fait préparer un appartement, mon cher enfant, dit l'excellente femme, cherchant une diversion. C'est l'appartement qu'occupait ta mère lorsqu'elle venait à Montclair...

— Pour vingt-quatre heures, je l'accepte, ma chère tante... Mais je m'installerai, si vous me le permettez à la Herche.

— Mais tu seras très mal à la Herche. C'est affreusement délabré...

— Je ferai venir les meubles indispensables.

— Tu n'as même pas de valet de chambre!

— Je m'en passerai très bien... On trouvera bien dans le pays une femme quelconque pour me faire la cuisine.

— Tu ne prendras même pas tes repas chez moi ?

— Toutes les fois que je le pourrai, ma chère tante.

Mme de Lucelles se garda d'insister, mais une inquiétude terrible lui tenaillait le cœur.

— Robert, dit-elle, en souvenir de ta mère, jure-moi, que... tu n'as pas envie de te tuer.

Robert d'Epagnes secoua la tête :

— Non, ma chère tante, je ne me tuerai point... J'ai bien songé au suicide..., mais vous venez de le dire, le souvenir de ma mère m'a fait renoncer à cette idée...

— Tu m'en donnes la parole d'honneur?

— Je vous le jure.

— Bien, mon enfant !... C'est du courage ! Dans bien des cas, mourir est plus facile que vivre... si Dieu nous le permettait.

Deux jours plus tard, Robert s'installait à la Herche. En réalité, il ne possédait là, pour tout logis, qu'un pavillon assez vaste mais d'un confortable laissant à désirer. Peu lui importait, n'était-il pas indifférent ? On découvrit dans les entours une veuve qui avait été autrefois placée chez un curé. Comme cordon bleu, elle laissait beaucoup à désirer le vieux curé qui, depuis plusieurs années se reposait chez le bon Dieu, mettant rarement la poule au pot. Mais enfin, elle pouvait faire un pot-au-feu acceptable et présenter un rôti pas trop brûlé. C'était tout ce que Robert attendait d'elle. Les jours où il se sentait la force de pouvoir soutenir la conversation, il faisait atteler un cheval du pays sur une carriole et, il allait dîner et passer la soirée chez Mme de Lucelles.

L'hiver était venu, avec des pluies torrentielles, des vents déchaînés. Et lorsqu'il revenait tard le soir les squelettes des grands arbres semblaient lui adresser des gestes de détresse, comme pour lui dire : Tu ne reverras plus jamais le printemps !...

Racheter des chevaux?... Il n'en avait pas eu le courage. Chasser, il traversait les taillis en zig-zag, accompagné d'un chien sans tirer un coup de fusil.

Le cœur saignait encore.

Mme de Lucelles se désolait et se mettait l'esprit à la torture pour trouver un dérivatif. Et, un matin, elle laissa échapper un léger cri, qu'elle fit suivre de ces mots : Ce serait toujours ça !

Tout justement, ce soir-là, la carriole s'arrêtait devant le perron et Robert en descendait plus triste que jamais.

Pendant le dîner, elle lui dit d'un ton indifférent :

— Figure-toi, mon cher Robert, que cette nuit, j'ai rêvé de mon pauvre Hector. Cela n'a rien de bien extraordinaire. Mais je te retrouvais avec lui dans mon rêve, et nous jouions au whist... Il faut te l'avouer, j'ai une passion pour le whist...

— Vous aimez le jeu, ma tante ?

— Je ne t'ai pas dit que j'aimais le jeu. Je joue le whist avec un certain plaisir. Enfin, dans ma solitude, il me manque par moments quelque chose.

— Et pourquoi ne jouez-vous jamais au whist, ma tante ?

— Manque d'éléments ! Le curé M. Durieu ne le joue pas. Et il est trop vieux pour sortir le soir. Tu es là, maintenant, tu serviras bien de second, de temps à autre, pour faire plaisir à ta vieille tante. Mais le troisième... je cherche inutilement le troisième...

Le troisième Mme de Lucelles l'avait trouvé depuis un long moment.

Au vrai, elle s'ingéniait à découvrir pour Robert une distraction, comprenant combien ses soirées devaient être mortelles. Sans doute, deux ou trois tours de whist ne seraient pas grand'chose, mais enfin, ça serait toujours ça. Pendant que l'on joue, l'esprit s'écarte, un léger instant, de l'obsession torturante. Mme de Lucelles poursuivit :

— Mon Dieu ! J'y pense. Il y a le petit docteur Hortu... Tout jeune... vingt-huit ans... Il fait tout en amateur, médecine, culture, élevage. Je ne lui crois pas de très bonnes idées; en tous cas, il a pris soin de ne pas les manifester devant moi. J'ai dû le faire appeler pour mes propres yeux... Et il m'a conseillé d'aller consulter à Paris, et qu'alors il se chargerait de surveiller le traitement ordonné par un maître. Et je lui ai su gré de son obligeance... Il doit jouer au whist... Veux-tu que...?

— Mais tout ce que vous pouvez désirer, ma chère tante. Du moment que votre partie vous manque, tâchons d'en constituer une si votre docteur y consent.

Et voilà Mme de Lucelles toute réjouie à la réussite de son petit stratagème.

Et aussitôt d'écrire au docteur Hortu.

Gabriel Hortu se trouvait dans la nécessité d'habiter la Sologne, par cette raison que seul au monde propriétaire d'une terre qui ne lui rapportait que de maigres revenus, il était attaché à sa propre glèbe. Il avait acquis assez vite le titre de docteur. Et comme il n'y avait point de médecin dans un très grand périmètre, il triplait et quadruplait ses revenus en faisant de la clientèle.

Petit, courtaud, son corps guindé était surmonté d'une tête bizarre entre le perroquet et le cassenoisette. Des yeux gris, bordés de jambon, un nez en bec de corbin, et une barbe hirsute d'un roux sale.

Très fier au demeurant de son existence multiple: docteur, éleveur, veneur, chasseur, sportsman. A Paris, où il paraissait dès que quelques économies lui permettaient d'aller faire un peu la fête, il parlait de ses chasses de Sologne. En province, il exaltait toutes les joies élégantes et artistiques savourées par lui, lorsqu'il venait, ainsi qu'il le disait, « prendre l'air de la capitale ».

Au fond, âpre au gain, très retors et guettant dans tous les coins l'héritière. Jusque-là il n'avait subi que des échecs, mais il ne se décourageait point...

A un mot de Mme de Lucelles, il accourait enchanté. Comme, s'il jouait le whist?... Mais il y excellait même, c'était sa passion favorite.

La châtelaine de Montclair avait une recommandation à adresser à son jeune médecin. Son neveu, M. d'Epagnes était un être froid renfermé, atteint d'une sorte de spleen.

Et M. Hortu de s'écrier :

— Comment! il est jeune, il porte un beau nom, il a de la fortune ! Et... il s'ennuie !... Ah ! par exemple !...

Deux jours plus tard, les séances de whist commençaient.

Robert se montrait strictement aimable.

L'étonnement que le docteur Hortu ne cessait de manifester à son sujet finissait par l'agacer fort.

Un soir, comme ils quittaient Montclair, le docteur arrêta net M. d'Epagnes par le bras :

— Alors, comme cela, vous vous ennuyez!

Robert d'Epagnes retint un brutal : « Qu'est-ce que cela peut vous faire?... »

— Eh bien, cher monsieur la prochaine fois que je m'échapperai vers Paris, je vous ferai signe..., Ah! vous ne vous ennuierez plus!...

M. d'Epagnes répondit d'une voix calme :

— C'est que je vous dirai que je n'ai nullement le désir de m'amuser.

Et plantant là net le jeune docteur, tout ébaubi, il remonta dans sa carriole.

Celui-ci se dirigea vers sa voiture :

— Et voilà !... C'est riche ! Ça porte un beau nom !... Mais ça n'a pas d'estomac ! Pauvre garçon !

***

Un fiacre de nuit, fatigué, piteux, emmenait Laurie Hawke. Les lèvres contractées, elle quittait l'avenue Friedland, emportant au cœur une implacable haine.

Le cocher, lui demandait où la conduire.

— Descendez l'avenue, fit la jeune femme ! après je vous dirai.

Pendant une seconde, elle réfléchit, puis prenant un parti, donna l'adresse, le numéro de l'une des petites rues perpendiculaires à la rue Saint-Lazare.

Très sombre la rue, une seule maison, au rez-de-chaussée, éclairée vaguement. Derrière les stores épais des fusées de lumière.

C'était là.

Un bar, où se réunissaient des cochers, des « lads », des jockeys.

Un homme et une femme procédaient au versement des breuvages. L'homme, le barman, vêtu de blanc, la femme prétentieusement coiffée, minaudait, en encaissant.

A diverses reprises, elle avait annoncé à ses derniers clients qu'on « allait fermer ». Mais tous persistaient à réclamer encore des tournées « ultimes ». Trois ou quatre devant le comptoir, juchés sur de hauts tabourets, puis enfin le dernier, assis de même, au bout, bien à l'écart.

Le râble écrasé sur ce haut siège, la tête enfouie dans les épaules, l'homme demeurait là, inerte, mâchonnant un cigare éteint.

C'était le boxeur James Flint.

James Flint avait l'alcool mauvais.

Il dardait des regards haineux sur les consommateurs, les écrasant de son dédain. Et il grognait:

— Pas moyen d'avoir une minute d'agrément dans votre sale pays ! Ah ! je ne vais pas y laisser moisir mes guêtres ! Un sale pays où vous êtes sûr de ne pas rencontrer un homme !... Pas un... qui consente à engager une passe avec James Flint ! Ah !

Depuis deux heures, James Flint, le boxeur, ne cessait d'envoyer défis sur défis à l'aimable assemblée.

La patronne crut devoir intervenir.

— Monsieur Flint!... Vous n'êtes pas gentil du tout, ce soir !...

— Tâchez de vous taire, vieille sorcière ! James Flint a l'habitude de faire et de dire ce qu'il veut!... entendez-vous !

« Tenez! Je vous défie tous!... Le patron et la patronne !... Là, êtes-vous contents ?... Tous à la fois !...

— Monsieur Flint, fit tranquillement la patronne, monsieur Flint! vous n'êtes pas gentil, et vous allez vous attirer des désagréments!... Oh! vous n'êtes plus, je ne crains pas de le dire, un gentleman!...

— Ah ! je ne suis plus un gentleman ! Eh bien ! regardez bien la figure de votre mari!... Oui! regardez-la bien ! car, vous ne la reverrez plus !... je vais la lui casser !...

Le patron était habitué à ces sortes de scènes, car prenant un revolver sous le marbre du comptoir :

— Et moi, monsieur Flint, si vous faites un pas, je vous brûle !... Vous entendez bien ! Ça devient assommant !... Je serai obligé de vous fermer ma maison, monsieur Flint !

En prononçant son monitoire, le patron maintenait son arme dans l'alignement.

De son côté, le boxeur sortait son revolver :

— J'en ai un aussi !

Fort heureusement, à cet instant, la porte s'ouvrit et, par l'entrebâillement, se montra un chapeau en cuir bouilli.

— Pardon excuse, la compagnie...

S'adressant à la patronne :

— C'est-y que je pourrais parler à M. James Flint ?

La dame du comptoir répliqua aussitôt :

— C'est M. James Flint lui-même, le voici.

Et clignant de l'œil, mettant la main en pavillon sur le coin de sa bouche, le cocher murmura :

— Il y a une dame qui vous demande.

— Je ne connais pas de dame!

— J'vous dis qu'il y a une dame qui veut parler à M. James Flint... Elle est dans la voiture qui vous attend.

En rechignant de mauvaise grâce, le boxeur se dirigea vers la porte.

— Où est-elle, cette dame? où est-elle?

Une voix claire partit du fiacre.

— C'est vous, mon bon Flint?... Venez bien vite ici que je vous parle...

L'ivrogne tressauta.

— Laurie! oh! attendez!...

Et d'un bond il rentra dans le bar.

— Une cuvette pleine, ordonna-t-il, et de la glace.

Une fois la glace concassée et mise dans l'eau de la cuvette, il y plongea son mufle. L'eau en fuma.

— Une serviette éponge.

En deux tours de main il était sec.

Puis remerciant d'un signe de tête, il assura sa casquette, et revint, près du fiacre.

— Laurie, ma chère, je ne vous ai pas fait longtemps attendre, n'est-ce pas ?... Qu'est-ce qu'il y a ?

— Il y a tout !... Et il n'y a plus rien !

— Oh !...

— Oui ! je n'ai plus le sou !... Et mon mari vient de me jeter à la porte !

— Oh! vous pouvez être certaine, Laurie, il aura affaire à moi!

— Vous n'y toucherez pas, mon cher Flint ! jamais vous entendez bien ! Celui-là m'appartient tout entier!...

— Mais comment est-ce arrivé?

— Oh ! bien vite, allez ! Flint !... Robert cherchait les titres d'une propriété qu'il voulait vendre... et il est tombé sur des lettres de cet imbécile de Clem !... Enfin, tout le pot au roses !... Pas moyen de nier !...

James Flint hocha sa grosse tête.

— Des lettres ! toujours des lettres !... Pour sûr on n'en trouvera jamais de moi, des lettres !... Je ne sais pas écrire!... Et je m'en réjouis tous les jours. Allez, puisque vous êtes libre, qu'allez-vous faire ?

— Me coucher d'abord, et tâcher de dormir, je suis brisée! Pouvez-vous me conduire quelque part... répondre pour moi... Je n'ai rien... quelques bijoux insignifiants...

— Ne dites pas de sottises, Laurie; vous savez bien que tout ce que possède votre vieux Flint vous appartient! Je vais vous conduire à mon hôtel et vous faire donner une chambre. Demain, il fera clair, et nous causerons.

Une demi-heure plus tard Laurie se trouvait installée dans une chambre confortable, et, au petit jour, finissait par s'endormir, pour se réveiller fraîche et dispose le matin vers midi.

Sur le coup de midi et demi, Laurie et James Flint étaient attablés dans une taverne anglaise rue Saint-Lazare.

Très guilleret, Flint!

— Voyez-vous, ma chère, répétait-il pour la troisième fois, vous finirez par reconnaître vous-même que vous n'étiez pas faite pour le mariage.

— Taisez-vous, Flint. Vous n'avez rien compris !... J'aimais cet homme à la folie !... Avec lui, j'aurais été la plus honnête des créatures !

— Et voilà justement ce qu'il y a de déplorable : condamnée à la vie de famille, alors que vous appartenez à ce grand public qui vous idolâtre... Oh!

Sarah et Stag (p. 20).

vous allez voir, ma chère, ce que va être votre existence ! Ce sera splendide !..

— Je ne sais pas, James Flint !

— Laissez donc ! Quand vous avez le monde à vos pieds !... et que vous gagnerez votre poids de chiffons de banque !...

James continuait à suivre son idée.

— Voyons que je vous fasse passer un petit examen. Les bras ?

— Oh ! excellents ! Tous les matins, je faisais des haltères. Je boxerai avec vous, Flint... quand vous voudrez..

James Flint éclata de rire.

— Allons ! C'est entendu, Laurie ! Mais je mettrai des gants !..

— Je me moque de vos gants !.. Je vous dis que je suis faite en fer.

Et Laurie prenant entre ses doigts une fourchette et une cuiller, les tordit.

La bouche de Flint s'entrebâilla.

— Et ces pauvres jambes ?

— Pas la moindre trace... Avec huit jours d'entraînement, je me retrouverai tout à fait en forme.

— Eh bien ! il ne s'agit plus que de choisir. Tous les managers vont vous faire un pont d'or... Vous pouvez aller où vous voudrez !... Pas dans ce sale pays bien entendu... Je vais télégraphier tout à l'heure à Gouldman, à New-York, nous aurons sa réponse dans la journée.

— Merci, Flint.

Il y eut un silence. L'hercule réfléchissait jouant avec son couteau. Au bout d'un temps, il reprit.

— Clem est mort ! Je n'ai pas à dire du mal de lui; ce n'était certainement pas un mauvais homme.

Les yeux de Laurie se mirent à flamber.

— C'était une prodigieuse canaille ! Et s'il se trouvait ici, je l'étranglerais... C'est lui qui est la cause de mon accident. Il était « tipsy » ce soir-là, et il n'a pas vérifié le fil. J'ai bien compris que j'étais perdue. Puis c'est encore lui qui a causé mon malheur.

— Lui ?

— Certes ! Il gardait mes lettres, pour me faire chanter. Il a eu la chance de mourir, car je lui aurais joué un vilain tour.

— Oh ! fit James Flint, vous avez raison, Laurie, Clem n'était vraiment pas un gentleman.

— Une canaille, je vous dis !

— Je suis tout à fait de votre avis, Laurie, une canaille !

Mais c'était une concession qu'il faisait à Laurie sans y attacher d'autre importance.

Ils rentraient à l'hôtel et là, dans le parloir, James se remettait à fumer et à boire, car en dehors de ses séances d'entraînement, c'était toute son existence. Entassé dans un rocking-chair, déchiquetant un cigare énorme, il répétait en sourdine: — La dépêche est partie, il n'y a plus qu'à attendre.... »

En réalité, il songeait à tout autre chose, et il le prouva bien en demandant:

— Laurie, ma chère, ne m'avez-vous pas dit tout à l'heure que dans trois mois, ou quatre au plus, vous ne pourriez plus travailler.

— Oui, James, je vous l'ai dit, et je vous le répète encore.

— Est-ce que vous auriez l'idée de retourner près de cet homme ?

— Mais vous êtes fou ! Vous ne comprenez donc rien ! Retourner auprès de M. d'Epagnes !....

— Eh bien alors ?

— Flint, vous êtes une brute ! Vous n'avez donc pas compris ce que je voulais dire, c'est que dans sept ou huit mois je serai une maman ... J'aurai un petit être blanc, rose, rouge, blond ou brun, ce qui me sera parfaitement égal d'ailleurs.

Flint avait proféré un horrible blasphème.

— Vous dites que cette chose vous est parfaitement égale !... Laurie ! Mais vous n'y songez pas ?... Mais vous allez être très ennuyée !... Un enfant !... Il ne manquait plus que cela !... Et vous ne vous occuperez plus que de cette chose !...

La jeune femme secoua la tête.

— Je vous ai dit, Flint, que cet... accident m'importait peu !... Il fut un temps où j'aurais été profondément heureuse.... Tout cela est fini !... Quant à aimer cet enfant-là? Un ennui, un obstacle, rien de plus !! Certes, je ne lui ferais pas de mal.. mais voilà tout !...

— Et vous avez raison, Laurie !... C'est assommant les enfants !... Ça braille, ça crie, c'est laid ! Enfin nous nous débarrasserons de l'obstacle le plus tôt possible, hein ! Parce que nous allons faire de grandes choses, Laurie ! Le monde parlera de nous, vous verrez ! Avec tout ça, cette satanée dépêche n'arrive pas !

Elle arrivait cependant vers la fin de l'après-midi, et combien agréable, combien flatteuse !

« Attendons Laurie Hawke et James Flint. Fixeront eux-mêmes chiffres traités. Gouldman. »

Quand je vous le disais — hurla James Flint — quand je vous le disais que nous allions faire de grandes choses ! Hurrah ! pour l'Amérique !..

Et dans son transport, il saisit Laurie à bras-le-corps, et la lançant en l'air, jongla avec elle comme avec un enfant !

Une fois à terre, elle se défripa, mais avec un sourire:

— Vous êtes insupportable, Flint ! Voyez comme je suis faite !

Et lui de répondre, avec la plus infatuée torsion des lèvres :

— Il faut pourtant bien que vous vous y habituiez ma chère !...

Deux jours plus tard, la « Normandie », partant du Havre emportait Laurie Hawke en compagnie de James Flint.

Laurie quittait cette terre où elle avait été si heureuse, avec un déchirement de cœur. Mais ni attendrissement ni regrets, la haine implacable et un désir fou de vengeance.

— Oh ! gronda-t-elle, les dents serrées, je reviendrai !... je reviendrai !...

⁂

A la Herche, Robert d'Epagnes continuait à traîner la plus misérable des existences. Et cependant, Mme de Lucelles pouvait croire que l'intensité du chagrin de son cher neveu s'en allait peu à peu. On croit aisément ce que l'on désire, et son commensal, Gabriel Hortu l'assurait qu'en unissant leurs efforts ils finiraient par mener à bien cette cure difficile.

— Nous le sortirons de là, madame la comtesse.

De son côté, Robert faisait bien tous ses efforts pour rassurer sa tante.

Ne semblait-il pas prendre plaisir à la partie de whist du soir !

A la question : « Qu'as-tu fait de ta journée, mon cher enfant? » il avait toujours réponse prête. D'un ton dégagé, il expliquait l'emploi de son temps Levé de bonne heure. Excellent déjeuner. Pris son fusil, poursuivi un faisan, manqué une bécasse. Rentré à la Herche avec un appétit d'enfer.

Au vrai, il n'avait pas déjeuné et s'était tout le long du jour traîné par les bois, sans parvenir à se débarrasser de son idée fixe. Il avait à peine dîné, trouvant tout exécrable. Puis enfin, le tard venu, il avait fait atteler, se rendant à Montclair.

Hortu lançait un coup d'œil entendu à Mme de Lucelles.

— Ça marche ! Encore quelques semaines, et nous aurons complètement terrassé le monstre !

Et le docteur ajoutait « in petto » :

« Après cette cure-là, madame la comtesse, vous voudrez bien, enfin, me déterrer une héritière, tordue, bigle ou bossue, peu m'importe, pourvu qu'elle possède le fort sac. »

Car le lori sao était l'objectif constant de ses convoitises.

Quant à Robert, il n'arrivait point malgré ses efforts à arracher du fond de son cœur l'image de l'infâme tant adorée !

Enfin les premiers rayons de soleil apparurent. La nature subissait ses immuables lois, le soleil, si longtemps caché, revenait, et les premiers bourgeons pointaient au bout des branches.

Frétillant, le docteur se plaisait à répéter:

— Au printemps, je suis une crise terrible.

Et il était tout prêt à donner ce qu'il appelait : « un coup de collier ». Ceci voulait dire: « une fête à Paris », pour s'y livrer à une noce énorme !... Et alors, comme excuse, toutes les formules ressassées: « On n'est jeune qu'une fois ! On n'est pas de bois ! La vie est courte !. Courte et bonne!... »

Quant aux malades, ils pouvaient attendre !...

Il annonçait à mots couverts son imminent exode. Et guignant Robert du coin de l'œil, il avait l'air de lui demander: — « Ça ne vous dit donc rien ?... » Le désespéré n'attachait aucune attention à cette spirituelle mimique et pensait :

— Je serai très content de voir cet assommant snob évacuer sur Paris.

Naturellement, le petit bonhomme se complaisait dans l'exposé de ses béatitudes parisiennes. Robert ne voulait rien savoir. Il n'y avait que Mme de Lucelles qui continuait à espérer que le whist pourrait avoir raison des humeurs noires de son cher neveu.

L'orage devait finir par éclater. Un soir, à la suite d'une partie de whist, vers les onze heures, la châtelaine se déclarant un peu fatiguée et s'étant retirée, le docteur Hortu se décida à pousser une pointe.

— Monsieur d'Epagnes, dit-il, la nuit est claire, si vous le permettez, je vais vous faire un pas de conduite.

En homme bien élevé, Robert réprima un mouvement de protestation. Il se résignait. Cependant, il tenta malgré tout un effort.

— Il est tard, fit-il, j'ai peur que ce détour ne vous allonge singulièrement.

Hortu protestait.

Comment donc ! Mais il ne se couchait jamais avant trois heures du matin. Un homme comme lui ignorait la fatigue.

Robert avait renvoyé sa carriole, le docteur faisait reconduire la sienne.

Quand ils se furent engagés tous les deux dans la grande ligne des tailles qui conduisait tout droit à la Herche, Gabriel Hortu passa familièrement son bras sous celui de Robert et commença aussitôt :

— Cher Monsieur d'Epagnes, deux jeunes gens intelligents comme nous, sont faits pour s'entendre. Vous me permettrez donc, je l'espère, de vous traiter tout à fait en ami.

Robert réprima un violent sursaut, dont le docteur ne s'aperçut même pas.

— Oui ! Laissez-moi vous traiter en véritable ami, presque un frère... Vous êtes un malade moral que je veux traiter et guérir... Ce sera certainement ma plus belle cure.

Complètement ahuri, Robert regardait fixement Gabriel Hortu avec une sorte de stupeur. L'autre continuait :

— Oui ! je veux vous guérir, je me le suis juré, et je tiendrai mon serment... Sous peu de jours, je pars pour Paris... Je vous emmène, ne dites pas non, ou je me fâche !... Je vous emmène faire une cure. Là ! Et nous ne nous ennuierons pas ! Vous verrez, en quelque jours où sera votre neurasthénie.

Le petit docteur arrondit ses grosses lèvres :

— Pfuit !... Envolée votre neurasthénie... Je connais une maison charmante, quartier Marbeuf, des femmes adorables !... Pour commencer, une petite partie. Pas cher... non, non... pas le moins du monde ce que vous croyez... Est-il drôle ! On fait ensuite de la musique puis enfin on danse... Ah ! j'ai passé là les heures les plus charmantes de mon existence... Vous viendrez ! Et vous verrez !

Après un temps le docteur répéta :

— Des femmes adorables !...

Cette fois, Robert éclata, oubliant tout.

— Eh! allez au diable!... fit-il en tapant du pied, vous et vos femmes adorables !...

— Mais, monsieur !...

— Vous touchez donc une remise ?...

Et tournant le dos, il planta là tout net le petit docteur en plein bois.

Le lendemain matin, Robert arrivait à Montclair à l'heure du déjeuner.

Après avoir embrassé Mme de Lucelles :

— Ma chère tante, pardonnez-moi ! Je vais encore vous causer un gros chagrin...

— Ah! mon Dieu!...

— Oui ! je ne puis plus y tenir !... Je dois donner un aliment à mon chagrin... Si je restais à la Herche, je deviendrais fou, fou furieux!... Et... dans un accès j'étranglerais volontiers votre odieux docteur.

Mme de Lucelles répondit :

— Pars, mon enfant !... Pars ! Et que Dieu t'accompagne!... Ta place restera gardée ici, car tu reviendras... Seulement, je ne te verrai plus, mon pauvre enfant, car mes pauvres yeux qui ont tant pleuré vont m'abandonner.

Robert pour toute réponse la pressa sur son cœur, mais il se répétait en lui-même :

« Je ne reviendrai jamais!... La mort voudra bien de moi ».

SECONDE PARTIE

I

C'est sur la rive gauche de la grande Sauldre, à six kilomètres de Salbris, qu'est situé Montclair. Du château Louis XIII, bien restauré, et maintenant en parfait état, les pelouses descendent par des pentes rapides, jusqu'à une large terrasse surplombant à pic la rivière. Au-dessous coule doucement l'eau claire, devant une île boisée de pins et de trembles, de bouleaux et de saules.

Derrière le petit château, les bois à perte de vue s'étendent, puis des brandes, des landes sauvages, où le sanglier et le cerf peuvent en toute liberté s'ébrouer et s'ébattre.

On était aux premiers jours de septembre, depuis quelques jours, la chasse était ouverte; de loin en loin des détonations se faisaient entendre. A un kilomètre de Montclair, une grande coupe de taillis de trois ans faisait comme une verte oasis.

Un coup de feu partit et une voix claire s'écria aussitôt d'un ton joyeux :

— Ah ! Romain ! vous ne direz pas que je l'ai manqué celui-là... Apporte, mon bon Stag! La, bellement. Romain, c'est un jeune ! Et un rouge encore!

— Mais mademoiselle a abattu déjà cinq gris, deux cailles et un coq... de bordures... Ça fait tout de même une jolie chasse !

— Oui ! oui ! Romain! je me suis joliment amusée, va.

A cet instant, la demie de onze heures sonna au clocher de Salbris.

— Vite ! Romain, vite ! Filons !... Marraine n'aime pas attendre.

Quel âge pouvait avoir la jeune fille charmante qui lestement le fusil sur l'épaule s'avançait d'un pas alerte. Quinze ans peut-être, mais paraissant davantage.

La tête, ombragée par un petit canotier, était adorable, non que les traits en fussent absolument réguliers. Il y avait bien là, un petit nez espiègle qui ne présentait rien d'aquilin. La bouche n'était-elle pas un peu grande ? Oui, certes, mais, sur quelles perles s'ouvrait la pulpe sanguine de ses lèvres. Grands les yeux, d'un sombre et troublant outremer avec un regard droit, clair, tout de loyauté et de franchise. Les cheveux d'or retombaient en un épais chignon.

Romain, le garde, un court trapu, ayant franchi la quarantaine, suivait avec peine Mlle Sarah.

— Ah ! mam'zelle ! Vous allez d'un train !...

— Mon bon Romain, je suis bien fâchée, mais nous sommes en retard, et marraine n'aime pas attendre.

— Ah ! madame la comtesse n'a jamais grondé mademoiselle.

— Oui ! — ceci fut dit avec une conviction profonde, — elle m'aime bien et me gâte beaucoup.

— Mademoiselle n'est pas méchante non plus, un peu vive, je ne dis pas...

— Vous trouvez, Romain ?

— Même que l'autre jour, mademoiselle m'a rudement secoué, rapport que j'avais laissé échapper Folette.

— Tant que ça, Romain ?

— Ma foi, j'ai bien cru entendre que mademoiselle me traitait de « vieille bête ! »

— Oh! Romain! j'ai pu dire ça?

— Je sais que mademoiselle ne le pensait point.

— Pour sûr, Romain ! Stag, derrière !...

— Oh! je le sais bien, allez, mam'zelle! Aussi tout le monde vous aime bien !... Car, faut pas mentir, vous êtes tout autant bonne que madame la comtesse.

Sarah et le garde étaient arrivés jusqu'à la grille de Montclair. La jeune fille remit son fusil à Romain.

— Je vous ai fait rudement marcher, mon bon Romain; passez à l'office pour vous rafraîchir.

— C'est pas de refus, mam'zelle ! Vous pensez toujours à nous autres !

— C'est bien naturel ! Je vous remercie, Romain ! Je me suis rudement bien amusée, ce matin.

Et Mlle Sarah gravit les degrés du perron.

Au milieu du vestibule, une grande femme sèche et plate venait de se dresser devant elle, lui disant en anglais :

— Bonjour ! ma fille ! my dearest !... Embrassez votre vieille Beck.

Sordide, la femme ! Les vices lui avaient enlevé tous les restes de la fraîcheur que peut conserver une femme qui a franchi la quarantaine. Sous ses cheveux gris embroussaillés, le teint jauni était sillonné par une infinité de rides. Dans ses grands yeux, clairs, atones, se voyait crûment l'hébétude de l'alcool.

Sarah s'était instinctivement reculée pour se soustraire à l'accolade.

— Oh ! Beck ! s'écria-t-elle en français, que tu me causes du chagrin !...

Rebecca Godwen se rengorgea.

— C'est ingrat, les enfants ! oui ! Ça ne passe rien aux vieux ! non !...

— Beck ! tu as encore bu ce matin !...

— Bien sûr ! si je ne buvais pas le matin, j'en mourrais!... C'est-y donc que tu veux que je souffre, ma chère fille ?

— Tu as fumé aussi!

— Alors, on n'est plus libre! On dit que l'esclavage a été aboli, pourtant!...

Et la vieille Beck dut s'accrocher à l'une des tentures du vestibule, car, elle avait, agitant ses grands bras décharnés, compromis l'équilibre douteux de sa personne.

— Oh ! Beck ! c'est indigne !...

— Voilà-t-il pas des affaires pour trois ou quatre verres de gin...

— Beck ! Tu dis que tu m'aimes !

— Bien, oui ! je t'aime !

— Tu es le seul chagrin de ma vie ?

— Ça, c'est aimable!... Mais tu ne réfléchis à rien ma fille !... Tu as tout, toi ! La beauté, la santé, la richesse! On t'aime, et tu seras aimée plus encore! Moi, j'ai été jolie ! On me l'a juré du moins. J'ai été jeune, j'ai été riche ! J'ai perdu tout cela !... Et tu me ferais un crime, toi aussi, de quelques verres d'eau-de-vie et de quelques pipes?

— Eh ! c'est tous les jours à recommencer !... Hier encore !

— Hier, n'est pas aujourd'hui !... Et je ne dors que quand j'ai bu ! Or, quand je dors, j'oublie !...

— Oui ! mais moi je suis bien malheureuse !

— Ne pleure pas, ma fille, ne te fais pas de chagrin, ça n'en vaut pas la peine !

— Et quand marraine va savoir ça !...

— Eh ! sois certaine, ma fille, qu'elle le sait déjà! Tous les domestiques l'ont déjà prévenue!... Mais que veux-tu que j'y fasse, ma fille?... Tout le monde me dit que c'est ma mort de boire, et moi, je réponds que c'est ma vie !...

Un geste de désespoir, et Sarah ouvrit la porte d'un grand salon dont les meubles, demeuraient recouverts de housses épaisses.

Mme de Lucelles se tenait au coin de la cheminée, enfouie dans une bergère profonde. La comtesse portait, malgré la saison, son éternelle robe de veuve, ses yeux vagues disaient que leur dernière lueur était bien près d'abandonner la pauvre femme. Assise sur un fauteuil en une attitude penchée, se tenait Mlle Edmée de Briocourt, parente éloignée de la comtesse de Lucelles.

Complètement déshéritée de la nature, Mlle Edmée n'avait point malgré tout renoncé à plaire. Elle touchait à la cinquantaine; de méchantes langues affirmaient même qu'elle l'avait dépassée. Ni les échecs, ni les désillusions n'étaient parvenus à arracher de son cœur les racines de la divine espérance.

Sa très mince fortune odieusement volée par un homme d'affaires, elle se serait trouvée, dix ans plus tôt, dans la nécessité d'utiliser ses diplômes sans l'inépuisable bonté de Mme de Lucelles. La châtelaine avait été récompensée de cette charité; elle avait trouvé dans la vieille fille une compagne aimable et gracieuse. De plus, Mlle de Briocourt, solidement instruite se trouvait tout juste à point à Montclair pour procéder à l'instruction et à l'éducation de Mlle Sarah.

Gâtée par sa marraine et tout autant par Mlle de Briocourt, Mlle Sarah se montrait fréquemment trop mal élevée. Les deux pauvres femmes étaient émerveillées autant qu'affolées par cette exubérante jeunesse.

Il leur était impossible de ne pas trouver charmantes les espiègleries toujours accompagnées de gamineries désopilantes.

Un seul moyen de mettre un terme aux incorrections de la jeune peste; il consistait à lui dire: « Marraine va avoir bien du chagrin ! » Sarah rentrait aussitôt dans le droit chemin. Mais le diable n'y perdait rien. Et c'était sur la pauvre Edmée de Briocourt que Sarah opérait ses représailles. Elle avait pris l'habitude d'appeler Mlle de Briocourt par le diminutif de son nom et de dire tout simplement « Brio », et en la tutoyant couramment. L'habitude en était restée, et Mlle Edmée qui idolâtrait son élève eût été désespérée qu'elle en changeât.

Lorque Mme de Lucelles administrait un reproche à sa filleule, l'enfant ne cherchait même pas à lutter Mais il fallait bien que Mlle de Briocourt plaçât son mot.

A partir de cet instant, Sarah ne lui adressait plus la parole, ou ne lui répondait qu'en l'appelant « mademoiselle » ou « mademoiselle de Briocourt. Oh ! alors, pour la pauvre fille c'était une réelle douleur !... Et ça durait pendant des deux, des trois des quatre jours, jusqu'au moment où la vieille fille éclatait en sanglots.

Alors l'enfant cruelle se jetait à son cou en lui disant :

— Brio ! Si tu pleures encore, je ne t'embrasserai plus jamais !...

La paix était conclue!

Naturellement d'une intelligence très éveillée, Sarah n'avait point été sans relever le côté langoureux et élégiaque de la pauvre Edmée de Briocourt. De plus, Mlle Sarah était arrivée à savoir qu'Edmée avait eu dans sa vie une ébauche de roman d'amour. Mon Dieu ! oui. Malgré ses longues dents jaunes, son gros nez, ses gros os et ses cheveux jaunes, le cœur d'Edmée avait parlé.

Vers l'âge de quarante ans, elle avait été sur le point d'être unie en justes noces à un capitaine de gendarmerie condamné à prendre sa retraite.

Le capitaine, taillé en hercule, avait été alléché par la dot rondelette de Mlle de Briocourt, il avait régulièrement fait sa demande.

Tout juste à point arrivait la catastrophe financière dans laquelle étaient engloutis les derniers restes de la fortune d'Edmée. Il ne restait à celle-ci que la dot réglementaire. Ce n'était pas assez pour les frictions que réclamaient les rhumatismes du capitaine. Il se retirait brutalement, prétextant un voyage dans le Midi, à Roquevaire, sa ville natale. Et quelques mois plus tard, il épousait la directrice des postes.

La délaissée versa de brûlantes larmes, mais une espérance vague, lui demeurait quand même au cœur.

Mme de Lucelles et Mlle de Briocourt étaient donc assises aux deux coins de la cheminée quand Sarah entra.

— Bonjour, marraine !... Je ne suis pas en retard? Vous avez bien dormi.

Et brusquement elle se jetait au cou de Mme de Lucelles, embrassait Mlle Edmée.

— Tu as bien dormi, toi aussi, Brio ! Tant mieux! Je voudrais que tout le monde soit heureux.

— Quelle enfant ! murmura Mme de Lucelles, Mais elle est trempée ! Mais elle va attraper du mal !

— Oh ! marraine ! je me suis tant amusée ! Ne me grondez pas! J'ai tué un perdreau rouge! Un jeune !... Ah ! oui ! je me suis amusée ! Romain a été si complaisant !

— Alors tu ne traiteras plus Romain de « vieille bête »?...

— Marraine, je le lui ai déjà promis. Mais qui est-ce qui a pu vous dire que ?... Vous n'étiez pas là.

Le regard noir pointa sur Mlle Edmée :

— Ah ! c'est encore toi, moucharde !... cette fois ! tu me le paieras !

Hélas! pour la pauvre demoiselle la scène devait s'aggraver et se compliquer ce matin-là.

Baptiste, le domestique, un vieux annonça : « Madame la comtesse est servie », et l'on passa dans la salle à manger.

Sarah s'était refusée à aller se changer, prenant pour excuse le désarroi qu'elle aurait apporté au repas du matin. Et Mme de Lucelles lui cédait tandis qu'elle caressait la fine tête de Stag qui jouissait de ses grandes entrées partout. Il est vrai que le setter reconnaissait ses bontés par une propreté à toute épreuve et de nombreuses marques d'affection.

Le déjeuner suivait son cours, frugal pour Mme de Lucelles et Mlle de Briocourt, copieux pour Sarah.

Baptiste se retirait, ayant servi le café.

C'était le moment où Mme de Lucelles aimait à prolonger une douce causerie, se faisait lire les nouvelles apportées par le courrier du matin.

C'était aussi l'heure des réprimandes, et elles se renouvelaient fréquentes, la filleule s'oubliant trop souvent ne pouvant contenir sa nature trop ardente.

Mme de Lucelles tendit l'oreille, et quand elle se fut assurée que Baptiste avait regagné la cuisine :

— Ma chère enfant, je suis excessivement contrariée...

— Moi! c'est moi qui vous ai contrariée?

— Non, mon enfant! Ce n'est pas toi!... Tu n'es pour rien dans cette affaire ; seulement comme à moi, comme à Edmée, elle va te causer de la peine. C'est de Rébecca qu'il s'agit.

— Nous y voilà ! grogna Sarah entre ses petites dents, et en lançant un regard en dessous à Mlle de Briocourt.

— Rébecca devient impossible... Tu connais son vice. Hier au soir, elle était dans un état honteux ! Elle s'y trouve encore ce matin ! Elle injurie tout le monde. Cet état de choses ne saurait durer. De plus, tu sais combien j'ai défendu à nos gens de fumer dans la maison ; on a trouvé dans la chambre de Rébecca une pipe, un paquet de tabac et des allumettes ; une belle nuit, étant ivre, elle mettra le feu à Montclair et nous brûlerons tous.

— Ce n'est pas vous, marraine, qui avez découvert la pipe, le tabac et les allumettes dans la chambre de Beck ?...

— Non, mon enfant, ce n'est pas moi, tu le sais bien ! Mes pauvres yeux ne me permettent plus ces inspections et c'est mal à toi de me le rappeler ainsi. Mais j'ai prié Edmée de chercher, vu que j'avais senti en passant à côté de Rébecca, une forte odeur de tabac que j'ai en horreur ! Edmée a trouvé non seulement une pipe à moitié fumée, mais des allumettes et une bouteille contenant encore un reste d'eau-de-vie.

Sans doute, Sarah ne pouvait s'en prendre à sa marraine, mais elle se retourna aussitôt contre la pauvre Edmée et lui lança ce fameux regard en dessous, que celle-ci redoutait si fort.

Et Mlle de Briocourt devinait au mouvement des lèvres de la jeune fille :

— Toi ! Brio !... Tu me le paieras !

Et, la vieille fille se demandait :

— Qu'est-ce qu'elle va bien inventer encore ?

Très violente, Sarah perdait complètement la tête. D'une voix enrouée par la colère :

— Mon Dieu ! si Mlle de Briocourt vous a fait le rapport dont vous l'avez chargée, nul doute qu'elle ne vous ait également indiqué le châtiment. Chasser Beck, ce n'est pas assez... Il faut la supprimer ! Il faut l'abattre !...

Un lourd silence. Sarah elle-même se sentait épouvantée de l'énormité qu'elle venait de proférer !... Elle demeurait atterrée, la tête basse. Le silence fut rompu enfin par Mme de Lucelles :

— Je n'ai rien à te dire, mon enfant !

Et comme la coupable baissait la tête :

— Va dans ta chambre, mon enfant, et quand tu auras remis tes idées en ordre, eh bien, tu reviendras nous trouver !...

Ce fut un véritable déchainement de cris, de hoquets, de sanglots !

— Oui ! c'est vrai ! marraine ! Je suis une méchante !... Je n'ai pas le droit de vivre !... Je partirai avec Beck, et..., je me tuerai !...

Pour le coup, Edmée sauta en l'air !

— Oh ! mon Dieu ! s'écria-t-elle, exaltée comme elle l'est, c'est qu'elle serait capable de le faire !...

— Eh ! non ! Edmée !... Calmons-nous et du sang-froid ! Rien ne pouvait nous faire prévoir cette sortie. Cette enfant a grandi vite, c'est une véritable petite femme, nerveuse à l'excès. Laissons-la pleurer un moment ! Tout à l'heure, nous verrons bien.

Que ce moment fut long et difficile à passer ! Mme de Lucelles ne disait rien, mais elle portait constamment sa montre à ses yeux. Pour Mlle de Briocourt, elle s'agitait sur son siège, ne pouvant tenir en place.

Un quart d'heure ne s'était pas écoulé qu'elle tenta une imploration :

— Hein ! Je... crois... ma cousine, que l'on pourrait bien aller savoir ce qui se passe là-haut !

— Allez-y, ma chère ! Je suis aussi tournentée que vous !

Edmée ne se le fit pas dire deux fois. Elle se précipita hors du petit salon, et gravit quatre à quatre l'escalier.

Et elle ouvrit la porte de la chambre de Sarah.

Sur un étroit petit lit de milieu, blanc comme tout le reste, l'enfant terrible était couchée, la tête enfouie dans ses oreillers.

Mlle Edmée ne savait par où commencer. S'armant de courage, cependant :

— Ta marraine et moi...

Elle n'eut pas le temps d'achever, Sarah, furieuse les cheveux en désordre, les paupières rougies, se dressa :

— Toi ! Brio ! je te déteste, je t'exècre !... Je ne te reverrai de ma vie !...

— Tu en seras bien fâchée, ma pauvre enfant !... Et moi aussi !... Car tu as bon cœur, après tout !... Et je suis certaine que tu regrettes déjà ce que tu as dit et qui a causé tant de chagrin à ta marraine et à moi.

— Laissez ma marraine où elle est... Elle n'a rien de commun avec une rapporteuse.

Et s'emballant :

— C'est votre faute, mademoiselle ! Tout ce qui est arrivé !... Aussi ça ne se passera pas comme cela. Et je vous jure que vous me le paierez !

— Si tu le veux, mon enfant !

— Je crois bien que je le veux ! D'abord, je ne suis pas votre enfant !... Ensuite, tout est fini entre nous !

— Mais, ma petite Sarah !...

— Il n'y a plus de « ma petite Sarah !... » N'est-ce pas vous, ou est-ce vous qui avez été remettre à marraine la pipe de Beck ?

— Mais enfin, voyons, ma petite Sarah ! Sois donc raisonnable !

— Je ne veux pas être raisonnable !

— Puisque ma cousine m'avait demandé de lui dire ce que je trouverais chez Beck !... Il fallait donc mentir !

— Non ! Evidemment, on ne doit pas mentir !... Mais, pour faire le bien, on peut contourner la vérité...

— Tout ce que tu voudras, mon enfant ; mais avant tout, je dois obéir à ma cousine !... Sans elle sans sa parfaite bonté, quelle eût été ma vie... Sous-maîtresse dans un pensionnat ? Et encore !...

— C'est sûr qu'elle est bonne !... Mais ! Vous ! vous êtes très méchante ! Aussi est-ce fini entre nous !

— Oui ! c'est entendu !... Allons ! arrange tes cheveux !... Et viens embrasser marraine !

— D'abord elle ne le voudrait pas, et elle aurait raison !... Car j'ai été très méchante !... Mais aussi ! C'est que j'ai été poussée à bout par un être pervers !... Ah ! je le connais cet être-là !... Et j'ai entendu parler d'un certain gendarme... qui a joliment bien fait de ne pas le conduire aux pieds des autels, ça ne devait pas être un gendarme, d'ailleurs ! Ça devait être un sergent de ville !...

— C'est vrai, ma chérie !... Ce n'était pas même un sergent de ville ! C'était un garde chiourme !...

— C'est bien ! mademoiselle de Briocourt !... Moquez-vous de moi ! Mais comme je ne veux pas vivre avec des personnes qui se moquent de moi, je vais écrire à maman qu'elle vienne me chercher !

Mlle Edmée manqua de tact, et atteignit l'enfant en pleine âme, en s'écriant :

— Eh ! ma pauvre chère petite ! tu ne sais même pas où elle se trouve, ta mère !

Le charmant visage de Sarah devint subitement d'une pâleur de cire, et les bras étendus, les mains crispées, elle s'écria :

— C'est vrai ! Et c'est parce que je suis une enfant abandonnée que vous me traitez ainsi !... Oh ! que c'est mal !

Le moment est venu d'expliquer la présence de Sarah dans la maison de l'excellente Madame de Lucelles. Pour cela, il nous faut revenir en arrière une dizaine d'années.

Le départ de Robert avait causé un très gros chagrin à la pauvre femme. Robert parti, elle était donc retombée dans son absolue solitude car les allées et venues du petit Hortu ne pouvaient réellement lui suffire. Cependant il multipliait ses visites, sous le prétexte d'appliquer le traitement que réclamaient sans cesse les pauvres yeux de Mme de Lucelles. Gabriel Hortu avait encore une autre raison pour se montrer fréquemment à Montclair. C'est qu'il continuait à espérer que la châtelaine finirait bien par lui décrocher l'héritière de ses rêves.

L'arrivée de Mlle de Briocourt à Montclair n'avait troublé en rien la tranquillité de ce petit lac aux eaux stagnantes. Elle non plus ne faisait aucun bruit, et sa mission consistait seulement à transmettre les ordres de sa cousine, et à l'accompagner dans ses quotidiennes promenades en voiture.

Les grands jours, c'étaient ceux où arrivait une lettre de Robert. Il avait battu le monde, sans jamais se lasser, sans jamais rencontrer enfin la tranquillité, le repos, l'oubli du cœur. Le chagrin l'accompagnait sans cesse. Il avait traversé l'Australie, subissant de torturantes privations. Puis c'avait été une expédition de trois années dans les steppes de Sibérie. Enfin, l'Enfer noir l'attirait lui aussi, et à l'heure actuelle, il était, non loin du Négus en Ethiopie, comme une manière de vice-roi. Ce dernier état semblait lui plaire, car il y avait là « énormément de bien à faire ! » Mais toutes ses longues correspondances se terminaient par la même formule : « Je ne puis revenir encore ! »

II

Or, voici qu'il advint une circonstance imprévue qui devait changer du tout au tout l'existence des hôtes de Montclair.

Mme de Lucelles possédait deux carrossiers meckembourgeois réclamant impérieusement leurs invalides.

A qui se fier pour la remonte de l'écurie de Montclair ? Mme de Lucelles eut l'imprudence de conter ses doléances devant le petit docteur, qui, naturellement offrit ses bons services. Parce qu'il engraissait au vert trois ou quatre canassons, Gabriel Hortu se posait en éleveur, alors qu'il n'y entendait goutte. Etourdie par son bagout, Mme de Lucelles le chargeait de l'achat d'une paire de chevaux, et le docteur très fier de son mandat partait pour Paris avec carte blanche. Il courut tout droit au Tattersall, un de ces jours de grande vente publique où on fait passer tout un escadron de rossignols tarés.

Et alors, la visite du connaisseur, appuyée d'une pièce au moyen de laquelle vous obtenez tous les renseignements que les gars d'écurie veulent bien vous donner.

— Qu'est-ce que c'est que ça ? fit le docteur, désignant deux cobs râblés, l'un bai clair, l'autre rouan, qui n'avaient pas réellement mauvais air.

L'homme d'écurie cligna de l'œil :

— Ça, M. le comte, c'est du nanan !... Des bêtes superbes !... Douces comme des poules !...

— Quel âge, dites-vous, mon garçon ?

— Ça prend sept ans, M. le comte ; j'ai des tuyaux.

Le petit docteur se mit donc, la vente venue, en position à côté de la tribune. Peu animées les enchères. Pour cinquante louis par tête, Gabriel Hortu devenait acquéreur de Porthos et d'Aramis, qui certainement, vu leurs lignes et leurs actions, étaient donnés pour un morceau de pain. L'éleveur solognot cependant aurait dû se méfier de l'œil vairon d'Aramis. Enfin, il rentrait à Salbris enchanté, triomphant.

Mme de Lucelles le remerciait. On installait les deux cobs dans leurs stalles, et dès le lendemain, le cocher les attelait sans difficulté.

— Au moins sont-ils bien doux ? répétait sans cesse la châtelaine.

Et Gabriel Hortu de répondre :

— Comme des poules, madame la comtesse. Comparez-moi ça aux deux bœufs qui se refusaient même à vous traîner... C'est léger, c'est ardent !

Hum !... Ardents, ils l'étaient certes ! Le cocher en fit même l'observation.

— M. le docteur, lui dit-il un matin, je ne suis pas sans inquiétude.

— Qu'est-ce que vous pouvez bien trouver à ces bêtes ?... Elles ne mangent pas ?...

— Oh ! que si fait !... Y dévorent.

— Eh bien, alors ?..

— Mais, c'est qu'Aramis est rosse comme tout. Il m'a mordu à l'épaule hier.

— Ce sont des bêtes qui ont du sang... Vous ne savez pas vous y prendre. Il faut deux choses, voyez-vous, mon ami, pour soigner les chevaux, de la douceur et de l'énergie...

Et le petit docteur s'éloigna en sifflant une fanfare de chasse.

Cette méchanceté du cob s'accentuait les jours suivants, et son camarade Porthos devenait plus ombrageux encore. Du fond de sa calèche, durant tout le cours de sa promenade quotidienne, Mme de Lucelles ne cessait d'ordonner : « Pas si vite, Jean ! pas si vite ! »

Une après-midi, Mme de Lucelles partait pour Souesmes, en compagnie de la douce Edmée, et sa recommandation fut :

— Et surtout ! Jean ! doucement !

— C'est que je ne les tiens pas comme je veux, madame la comtesse, ces carcans-là !... Ils tirent comme des voleurs !...

La conciliante Edmée demanda timidement :

— Mais, ma cousine, si nous renoncions aujourd'hui à notre promenade.

— Impossible ! ma chère. J'ai reçu un mot du curé de Souesmes. Une pauvre femme, trois enfants !... Très malade, elle manque de tout... Et puis j'ai besoin d'air !

Mlle de Bricourt se résigna.

Tout alla bien au début, Porthos et Aramis ne se conduisirent point trop mal. Néanmoins, Mme de Lucelles, à plusieurs reprises, ne put s'empêcher de redire encore :

— Je crois que ce pauvre docteur n'a réellement pas eu la main heureuse ! Il a acheté des chevaux trop jeunes et qui ne conviennent nullement à ma vieille personne...

— Ni à la mienne non plus, cousine.

De son côté, Jean, sur son siège envoyait le docteur Hortu à tous les diables.

— Ah ! je ne sais pas m'y prendre !...

— Je n'sais point ousqu'il est allé « qu'ri » ces deux carcans-là !

Elle fut longue la tournée charitable de Mme de Lucelles. Peut-être ces stations prolongées énervèrent-elles les deux cobs ; toujours est-il que dès qu'ils eurent tourné bride, ils sentirent l'écurie et prétendirent rentrer au plus court.

Et comme ils passaient sur la grand'route de Souesmes à Salbris, ils bourrèrent brusquement la main du cocher. Mme de Lucelles ne s'aperçut point de l'erreur commise, mais Mlle de Bricourt ne put s'empêcher de crier :

— Mais, pas par là, Jean ! Pas par là !...

— Hé, mademoiselle, cria Jean, ça n'est pas moi ! Ils m'ont gagné !...

Il n'acheva pas ! Les deux cobs prenaient un point d'appui sur leurs mors, ruaient, se cabraient, et partaient à toute bride !... Ils étaient emballés...

Dès la première seconde, le malheureux Jean, arraché de son siège, était lancé contre un arbre ! Inerte, il demeurait, la tête ouverte, sans connaissance.

Mme de Lucelles et Edmée s'étaient jointes, se serrant l'une contre l'autre. Seule Mme de Lucelles n'avait point perdu la tête, aussi demanda-t-elle à sa cousine :

— Où sommes-nous, Edmée ?

— Allée... des Trembles.

— Mais... cette ligne mène tout droit à la Sauldre !... Mais !... nous sommes perdues !...

Et les deux femmes se signèrent... attendant la mort.

Mais alors, il se passa quelque chose d'extraordinaire... Une forme animée sortant du taillis bondit à la tête des chevaux.

C'était une femme toute jeune, en toilette claire, coiffée d'un petit canotier de paille.

Combien de secondes demeura-t-elle accrochée ainsi, se laissant traîner, enlevée par le poitrail des bêtes emportées, mais ne lâchant point, cramponnée, et leur tordant les naseaux et la bouche.

L'attelage finissait par s'arrêter à une centaine de mètres du bord escarpé de la Sauldre. Les chevaux se cabraient maintenant, tandis que les deux petites mains d'acier leur tordaient toujours la ganache.

— Descendez donc ! cria-t-elle d'une voix essoufflée. Descendez ! dépêchez-vous !...

Mme de Lucelles et Edmée ne se le firent point répéter. Toutes deux retrouvaient leurs jambes de quinze ans et sautaient lestement à terre.

Alors l'inconnue, brusquement, s'élança de côté avec une agilité clownesque, et les deux cobs, libres de toute entrave, reprenaient leur course frénétique, et, aveuglés, ivres, allaient s'abîmer, eux et la calèche, dans la Sauldre à cet endroit très profonde !

Ce fut l'inconnue qui parla la première.

Elle dit simplement : « Vous n'avez rien ? » Mais elle n'attendit pas la réponse, et s'écroula dans l'herbe verte...

Fort heureusement, des bûcherons accouraient.

Mme de Lucelles donnait des ordres.

— Cette jeune femme d'abord... Jean ensuite. Quant à nous, ma chère Edmée, nous allons rentrer à pied. Mais avant tout, ma chérie, remercions Dieu, car c'est un miracle.

Couchée sur une litière de feuillée que quatre hommes portaient à petits pas, l'inconnue reposait, blanche, livide, et n'ayant pas repris connaissance.

Monté sur un cheval de ferme, un domestique courait prévenir le docteur Hortu.

Il accourait très penaud. Il cherchait à s'excuser, balbutiant.

— Ne parlons pas de ces horribles bêtes, docteur! fit nettement Mme de Lucelles. Vous vous êtes trompé, ou on vous a trompé ! Nous n'avons rien, ni Edmée, ni moi. Voyez l'état de cette jeune femme et ensuite celui de notre pauvre Jean.

Un des maîtres de Paris était mandé par le télégraphe; en attendant sa venue, le jeune Hortu s'utilisait.

La jeune femme avait ouvert les yeux. Puis elle avait aussitôt reperdu connaissance, mais entre la nacre de ses dents frangeait à présent une mousse sanglante. Certainement, à la poitrine, elle avait été atteinte par le timon de la calèche !...

Pour le malheureux Jean, son état n'était pas moins grave ! Il avait le crâne fracturé, et poussait des hurlements.

Le docteur Frémine arrivait par le train de minuit. Tout Paris connaît le docteur Frémine, un des princes de la science.

Gabriel Hortu se trouvait tout décontenancé en présence de l'un des grands maîtres de la chirurgie.

— Quel est votre diagnostic, mon cher confrère ? Non, rien ! Bien. Voyons d'abord la jeune femme.

Et suivi de Gabriel Hortu, de Mme de Lucelles et d'Edmée, il pénétra dans la chambre de la blessée et considéra un instant la malheureuse créature. Merveilleusement belle, blanche comme une cire, avec une profusion de cheveux dorés.

— A quelle heure l'accident ?

— Vers les trois heures l'après-midi.

— Et depuis, elle n'a pas repris connaissance ?

— Une fois, cher Maître !... pour pousser un cri et retomber en syncope.

La poitrine était atteinte. Le thorax touché... La calvicule cassée. Un bras luxé...

Le docteur Frémine ajouta :

— Il faut vraiment que cette créature soit en fer. Elle en a certainement pour cinq ou six mois, et encore ! je ne réponds de rien ! Il faut des soins incessants, une tranquillité absolue! L'état est tout... ce qu'il... y... a de plus grave !

Egalement très inquiétant celui de Jean.

Mlle de Briocourt s'était installée au chevet de la blessée, et ne la quittant pas, aidée par le docteur Hortu, « battu toujours de l'oiseau », et surtout durant les visites du Maître qui allaient se renouveler tous les trois jours, car les plus graves complications étaient à craindre.

La jeune femme demeurait inerte. Les crachements de sang continuaient. Impossible d'obtenir un renseignement sur cette inconnue qui semblait être tombée du ciel pour sauver Mme de Lucelles et Edmée de la plus horrible des morts.

Le matin du troisième jour Baptiste, le valet de chambre, vint prévenir Mme de Lucelles qu'une visite se présentait à Montclair. Une dame, modestement vêtue, tenant une très jolie petite fille par la main, demandait à lui parler. La dame s'exprimait à peine en français.

Mlle de Briocourt ne quittait pas le lit de la blessée. Mme de Lucelles reçut la visiteuse qui lui inspira une instinctive répulsion ; mais en même temps, elle entrevit une tête adorable d'enfant. Rien ne saurait rendre l'insondable azur de ces yeux envahissant le clair visage, d'un blanc laité, et la profusion de boucles dorées, entourant cette tête de chérubin.

Cette petite n'était cependant vêtue que d'un petit sarrau d'oxford à peu près propre; les petits souliers jaunes de l'enfant étaient éculés, troués, et ses bas, en maints endroits, laissaient transparaître sa chair rose.

Mme de Lucelles ne parlait point l'anglais, et dès sa venue, la femme s'était mise à s'expliquer en cette langue.

Une seule ressource : faire demander Mlle de Briocourt qui parlait couramment les quatre langues. Pendant ce temps l'étrangère tentait de s'exprimer en français :

— Médam... mon maîtresse blessée... Oui, ah ! je savé !... Des chevaux, vilains, très !... Moi, j'été le gouvernante, et Sarah !... le petite fille ! Moi aussi, je avé eu young little girl, et puis j'avé perdue.

Fort heureusement, Edmée arrivait, et l'on finissait par savoir que la blessée était Anglaise, une veuve, Mme Marthe Siebert; une originale voyageant pour son plaisir. Rebecca Godwen l'accompagnait comme femme de chambre, gouvernante, bonne d'enfant. Elles se trouvaient à Salbris depuis plusieurs jours déjà, quand l'avant-veille au soir, Rebecca n'avait pas vu rentrer à l'auberge Mme Siebert.

En fin de compte, Rébecca Godwen affirmait que l'on pouvait très bien soigner sa maîtresse, vu qu'elle possédait beaucoup d'argent, et paierait certainement sans marchander.

Mme de Lucelles donnait sur l'heure des ordres, et le baluchon, très mince d'ailleurs, de Mme Siebert, de Rébecca Godwen et de la petite Sarah, était transporté de Salbris, à Montclair.

Rébecca Godwen et Sarah Siebert prenaient leurs quartiers au château; elles ne devaient plus en **sortir.**

Entre temps Mlle de Briocourt s'était permis une réflexion :

— Ma cousine, avez-vous remarqué que cette Anglaise sent l'eau-de-vie ?

— Et le tabac. Mais... que voulez-vous que nous y fassions? Nous ne pouvons pas séparer cette pauvre femme de son enfant !...

A cela rien à répondre; Rébecca Godwen le devina-t-elle d'instinct ?... Toujours est-il qu'elle pénétra au château de Montclair comme en pays conquis.

Cette grande femme maigre, sèche, avec son visage osseux, taillé à coup de serpe, effrayait par ses yeux clairs, où flambait la lueur de l'alcool.

Quel âge pouvait-elle avoir? Impossible de préciser. Le vice et l'alcool avaient eu promptement raison de sa beauté, si tant est que jamais elle eût été jolie.

Elle s'était installée de plain-pied au château dès son entrée, soignant Sarah, la cajolant à sa manière, sans brutalité, comme sans tendresse.

Elle ne parlait pas aux domestiques, si ce n'est pour les injurier, buvant sec, dévorant, et révélant la force d'un portefaix.

C'était elle qui, pour les soins intimes, était chargée de porter Mme Siebert d'un lit sur un autre. Elle l'enlevait telle une plume sans lui faire jamais pousser une plainte. Sans doute, en ce trajet, la blessée lui adressait une question à peine perceptible que Back saisissait au vol, et à laquelle elle répliquait par un invariable : « Well. »

Dès les premiers jours, Rebecca Godwen avait été traitée comme les autres serviteurs, auxquels on octroyait un demi-litre de vin, à chaque repas. Ironiquement, elle avait demandé : « C'était tout ? Pas d'autre ? »

Puis le repas terminé, elle était partie pour Salbris et en revenait quelques heures plus tard portant en un panier de fil de fer, quatre litres de vin, et deux d'eau-de-vie, qu'elle avait montés dans sa chambre.

Telle s'affirma Rébecca Godwen. Aussi, dès le premier jour, inspira-t-elle une terreur mystérieuse à la pauvre Edmée, dont promptement elle devint la bête noire.

Par contre, ce fut un ravissement que cette petite qui, elle aussi, conquit la maison par ses joies, ses rires, sa gracieuseté naturelle. En peu de temps, Sarah baragouinait déjà un français compréhensible. Mlle de Briocourt en raffolait, et Mme de Lucelles, si délaissée, si isolée en ses vieux jours, sentait combien vivaces devenaient les liens qui l'attachaient à cette petite.

Jean, en convalescence depuis des semaines, reprenait son service. Six mois s'écoulèrent ainsi; de nombreuses rechutes nécessitaient la présence du docteur Frémine, accourant en hâte. Six mois, sept mois, huit mois s'écoulèrent encore; puis enfin la nature devint la plus forte, et la blessée fut hors de danger. M. Frémine le déclara joyeusement.

— Il n'y a aucune crainte à avoir, chère madame. J'ai rarement vu une organisation aussi solide, aussi vaillante ! Elle est en acier, cette jeune femme !... Que ne vous doit-elle pas, chère madame !.

— Mais, docteur ! Ne lui devons-nous pas la vie!...

— C'est vrai ! Mais vous la lui avez bien rendue !...

En quelques jours, la métamorphose fut complète. Mme Siebert fut vite sur pied et elle se montra alors une créature éblouissante, un enchantement, un ravissement des yeux.

Certes, Mme de Lucelles se sentait bien heureuse de ce rétablissement définitif mais elle ne pouvait maintenant embrasser Sarah sans un serrement de cœur, en se disant :

— Cette jeune femme va bientôt partir !... Et elle emmènera avec elle cette joie du ciel, cette petite que tout le monde s'est mis ici à adorer, moi la première.

Tout entière au chagrin de voir à jamais partir la petite Sarah, Mme de Lucelles oubliait combien elle avait été frappée de l'absence chez Mme Siebert de la fibre maternelle.

Maintenant qu'elle allait tout à fait bien que sa surprenante beauté reprenait tout son éblouissant éclat, son indifférence demeurait la même. Rencontrait-elle Beck et Sarah au détour d'une allée du parc, elle enlevait l'enfant dans ses bras redevenus robustes, l'embrassait distraitement, et la reposait à terre sans lui accorder plus d'un regard.

La convalescence arrivée, Mme de Lucelles ne s'était permis de lui adresser aucune question. C'était elle qui était allée au devant de toutes en quelques termes brefs et précis. Et, un jour, après le dîner elle avait simplement dit :

— Je suis Anglaise, veuve, sinon riche, du moins possédant une large aisance. Complètement maîtresse de moi-même et déambulant pour mon plaisir.

Edmée, la bonne Edmée, traduisit cependant l'étonnement que lui causait cette froideur maternelle. Un jour qu'elle jouait à la poupée avec la petite Sarah inconsciemment, elle s'écria :

— Comment ne pas adorer cet amour d'enfant !...

Mme Siebert comprit très bien mais sans se froisser elle répondit :

— Je n'ai jamais aimé beaucoup les enfants, cependant, je crois que celle-ci sera excessivement jolie.

L'été s'écoula. Le docteur Hortu avait repris ses visites. Lorsque la santé de Mme Siebert était revenue, il avait bien tenté d'engager avec elle un léger flirt. Elle l'avait laissé aller impassible, si bien, qu'infatué comme il l'était, il avait pu durant un court moment, croire à un succès. Or, un soir, au détour d'une charmille, il avait cru pouvoir lui ceinturer la taille.

Une étreinte de fer broya sa main, tandis qu'une voix calme lui disait :

— Je crois que vous avez besoin d'une paire de soufflets... Soyez convaincu que je suis femme à vous la donner.

Hortu ne se le fit point répéter : l'incident n'eût pas de suites ; Mme Siebert se conduisit vis-à-vis de lui avec la même indifférence que par le passé.

Cependant, à Montclair, on manquait toujours de chevaux. Les nouveaux essais tentés ne réussissaient guère. Mme de Lucelles s'étant plainte devant la mère de Sarah :

— Allons ! fit celle-ci en riant, je vois bien qu'il faudra que je m'en mêle encore.

Et quelques jours plus tard à une grande fête en Brenne, dont elle avait vu l'annonce dans les journaux, Mme Siebert se rendait seule et ramenait une jolie paire de postières.

— Vous me permettrez de vous les offrir, chère madame, dit-elle à Mme de Lucelles. Elles sont encore un peu vétilleuses, mais je me charge en quelques jours de parachever leur dressage.

Ce fut l'affaire de quelques jours !

Et allant au-devant de l'étonnement de Mme de Lucelles et Edmée qui n'en revenaient pas :

— Oh ! M. Siebert était un grand éleveur en Angleterre, et j'ai dressé beaucoup de couples ; ça m'amusait fort !

L'écurie était désormais pourvue, et les promenades reprenaient, au grand contentement de ce pauvre Jean, dont la tête bien remise oubliait les douleurs passées.

Bien que Mme Siebert parût être de nature très froide, il était impossible, durant ce séjour à Montclair qu'il ne s'établit point une relative intimité entre les deux femmes, malgré l'énorme disproportion d'âge. La conversation ne languissait donc pas à Montclair. Mme de Lucelles se laissait même parfois aller jusqu'à parler de ses souvenirs, de son bien-aimé Hector. Mme Siebert l'écoutait, sans jamais l'interrompre, la tête penchée les yeux mi-clos. Une seule fois, elle se laissa aller à un épanchement inattendu :

— Oui, vous avez aimé, vous avez été aimée, c'est le premier des bonheurs.

Edmée tressauta et devint très rouge.

Peut-être allait-elle parler, mais la porte s'ouvrit et un objet blanc et rose, vint se jeter sur les genoux de Mlle de Briocourt, en lui disant avec un inimitable petit accent :

— Mon petit Brio chéri, je t'aime tout plein, bien fort!

— Et moi? fit Mme de Lucelles.

— Vous aussi, j'aime très fort.

Mme de Lucelles avait pris l'enfant et la caressait, la cajolait. Mais elle ne put réprimer une contraction :

— Mon Dieu! cette enfant empeste encore l'eau-de-vie et le tabac!

Mme Siebert hocha la tête :

— C'est Beck.

— On ne pourrait donc pas l'empêcher...

— Oh! ce serait peine inutile... Beck ne point boire!... L'empêcher de fumer?... C'est sa vie! Elle en mourrait... Mais elle ne s'enivre jamais... complètement. Elle conserve toujours un sang-froid relatif!... Et puis, elle ne touchera jamais à de l'argent... jamais!... Enfin, elle prendra toujours soin de la petite.

On venait lui annoncer que la mort... (p. 31.)

Mme de Lucelles conclut :

— Quel horrible vice ! mon Dieu !

Sarah s'était mise à jouer sur le tapis, et Edmée fut bientôt obligée de s'asseoir à côté d'elle. Entre les deux femmes, la conversation reprenait.

— Alors, chère madame, vous êtes seule, vous aussi, dans la vie ?...

— Oui ! depuis la mort de mon cher Hector, je vis seule. Sans la bonne Edmée, je serais complètement abandonnée.

— C'est tout à fait comme moi.

— Oh ! vous ! madame ! protesta Edmée, vous avez ce cher petit ange.

Mme Siebert reprit :

— Je suis sans doute une créature dénaturée, moi!... Je vous ai déjà dit, je crois, que je n'aimais pas beaucoup les enfants !

— Donne-nous-la alors! s'écrièrent à la fois les deux femmes.

— Vous en aurez vite assez !

— Non, certes!

— Alors, en dehors de Mlle de Briocourt, rien, pas une affection.

— Mais si, j'ai un neveu, il m'a abandonnée!... Lui aussi il a eu de très grands chagrins... Il a perdu une jeune femme qu'il adorait... Alors, il est parti... Il s'est mis à courir le monde... Maintenant il est en Ethiopie... chez le Négus !... De temps en temps, il m'écrit de longues lettres. Edmée me les lit... Le cher enfant! Dans l'une des dernières, il m'a envoyé son portrait.

— Vous l'avez là ?...

Mme de Lucelles parut surprise.

— Non. Il n'est pas là, il se trouve dans ma chambre, mais Edmée va avoir l'obligeance de l'aller chercher.

Edmée revint au bout de quelques instants, tenant une carte photographique grand format.

Elle représentait un homme jeune, bien découplé la tête rasée de très près et vêtu d'une longue gandoura blanche. C'était le portrait de Robert d'Epagnes, dont les traits, placides, reposés, offraient l'empreinte d'une dominante énergie.

Longtemps, l'étrangère tint ses yeux fixés sur le portrait, tandis que dans ses yeux, si tranquilles d'ordinaire, flambait une lueur voilée.

— Oui! fit-elle, à mi-voix, comme pour dire quelque chose ; il est très bien !...

Et elle rendit l'épreuve à Edmée. Mme de Lucelles s'en empara, et la plaça tout auprès de ses yeux éteints :

C'est à peine si je puis le reconnaître! Le cher enfant ! Comme c'est cruel !...

Une année s'écoula encore, sans incident notable. Mme Siebert montait à cheval ou chassait au chien d'arrêt, semblant satisfaite de l'existence si unie que l'on menait à Montclair.

Beck continuait à s'imbiber régulièrement d'eau-de-vie.

Sarah devenait insupportable, car c'était à qui accomplirait ses quatre volontés.

Tous les dimanches on attelait de bonne heure, et Mlle de Lucelles, Edmée, une partie de la domesticité, se rendaient à la grand'messe à Salbris.

Peu de jours après la guérison de Mme Siebert, Mme de Lucelles avait offert à l'étrangère une place dans la voiture, mais celle-ci avait répondu :

— Je n'appartiens pas à la religion catholique.

— Et... Sarah ?...

— Oh ! Sarah non plus.

Edmée était une catholique fervente ; aussi cette indifférence lui causait-elle un véritable effroi. Et, en secret, avec des gâteries sans nombre, elle apprit à l'enfant ses prières.

Pour Rébecca Godwen, elle non plus, elle ne mettait jamais le pied à l'église.

Tous les trois mois, environ, arrivait une lettre de Robert. Sorte de journal de route, où il racontait sa vie en détail. C'était Mlle de Briocourt qui les lisait à sa cousine. Le soir de ces jours-là, Mme Siebert ne manquait jamais de demander :

— Il va bien, chère madame, votre neveu ?... Il n'est ni blessé, ni malade ?

Et la question était posée d'un ton très calme, tandis que l'étrangère fermait ses grands yeux.

Parfois aussi, Mme Siebert recevait à son tour des lettres chargées, renfermant des sommes importantes. Elles venaient de différents endroits, d'Angleterre, de Russie, d'Amérique. L'étrangère déchirait soigneusement la missive, et en brûlait même les morceaux. A ces dates, elle ne manquait jamais de distribuer de larges pourboires à tous les gens.

Mme Siebert montait à cheval dès l'aurore, craignant pour sa nerveuse Gipsy, et le soleil, et la chaleur et les mouches. La jument était nerveuse à l'excès, mais elle avait affaire à une maîtresse qui vous la cravachait d'importance.

Or donc, ce matin-là, Gipsy était partie à fond de train sur la route de Salbris.

— Va ! ma fille ! va ! quand tu en auras assez, tu me le diras !

Elle éprouvait un réel plaisir à avoir le visage caressé par la fraîcheur matinale.

Bientôt à bout de souffle la jument fut forcée de s'arrêter; mais alors, sa maîtresse lui fit faire volte-face, lui administrant une correction et l'obligeant à reprendre à nouveau un forcené ventre-à-terre.

— En as-tu assez ? cria-t-elle, quand elle sentit la bête plier sur ses jarrets.

Elle n'avait pas parcouru cinq cents mètres, au pas, qu'un petit pâtour semblait guetter, sauta du talus sur la route, et s'avança, tenant une lettre à la main.

— A moi, petiot ?

— Bé oui ! C'est-y pas vous qu'êtes la dame qui se trouve à Montclair ? Comment qu'on vous appelle ?

— Mme Siebert.

— C'est donc bien pour vous.

— Attend-on une réponse ?

— Je n'sais point...

Mme Siebert brisa l'enveloppe, et lut cette phrase écrite d'une grosse écriture :

« Ce soir, à onze heures, sur la route... Absolument besoin de vous parler. »

Le front se barra d'un pli profond.

— C'est bien! p'tiot! Dis que c'est bien! Je serai là.

Et une pièce blanche roula dans la poussière de la route. Le petit partit en courant, ne croyant pas à son bonheur.

En morceaux minuscules la jeune femme déchirait le billet ; elle murmurait :

— Quest-ce qu'il peut me vouloir encore ?

Et elle reprit sa promenade qu'elle prolongea plus que de coutume. La journée se traîna pour elle, avec des énervements successifs. La petite Sarah en sut quelque chose, car, elle reçut de sa douce maman un maître soufflet accompagné de ces paroles :

— « Tiens ! tu m'énerves ! »

Edmée emporta la petite dans ses bras. Sarah hurlait :

— Maman est une vilaine ! Je ne l'aime plus du tout !...

— Chut ! chut ! On ne dit pas cela, mon amour ! On ne dit pas cela.

Et Sarah de répéter à satiété :

— Non ! Je ne l'aime plus ! La vilaine ! Je ne l'ai jamais aimée !...

Quatre heures encore s'écoulèrent, et onze heures du soir sonnèrent au clocher de Salbris.

Les hôtes de Montclair étaient depuis une heure couchés. Les dogues de garde connaissaient Mme Siebert. Elle suivit une allée du parc arriva à la muraille d'enceinte et, d'un saut, mettant la main sur le faîte du mur, s'enleva facilement, sauta à terre, et gagna la route de Salbris.

Une ombre courte, trapue, sortit de dessous un chêne; une voix de tête demanda :

— C'est vous, ma chère?

— Parbleu ! Je ne pense pas que ça soit une autre qui coure les bois à cette heure.

— ... Je n'espérais pas que vous viendriez.

— J'ai dit à votre commissionnaire que je serais au rendez-vous.

— Tout est pour le mieux, alors. Venez ici, asseyons-nous et causons.

Et tous deux s'assirent sur le talus.

L'homme parlait tout bas à l'oreille de la jeune femme et celle-ci répondait : « Non! non! » d'un mouvement net de sa jolie tête. Mais ces mouvements allaient s'amoindrissant. On sentait bien que la résistance devait se terminer en défaite.

Enfin vaincue :

— Après tout, autant cela qu'autre chose... Allons, c'est dit! Partez par le premier train... Je vous rejoindrai à Orléans...

— Vous emmenez Rébecca ?

— Elle doit rester auprès de la petite.

— C'est juste!... Ah! je suis bien content!...

— Pas moi !... A demain.

Et Mme Siebert rentrait au château et regagnait prestement sa chambre.

— Après tout je m'ennuie ici, murmura-t-elle, ça vaut peut-être mieux, en somme !.. Et puis, ne me faut-il pas de l'argent, beaucoup d'argent !.....

Sa résolution était irrévocablement prise !.. Elle partirait.....

Elle se mit à écrire quelques lignes de sa grosse écriture masculine et tout habillée s'étendit sur son lit. Le sommeil ne vint point.

L'aube se montrait, remplacée bientôt par un radieux soleil.

Elle se leva alors, procéda à ses ablutions multiples et sonna Rébecca.

Celle-ci, les yeux gros de sommeil et d'alcool arriva bientôt, grognant entre ses dents jaunes :

— Qu'est-ce qu'il y a encore?

— Il y a que je vais partir..... et qu'il faut aller me chercher une voiture de louage à Salbris.

— Ce n'est pas malheureux! Car on s'ennuie ferme ici... Et peut-on vous demander, ma chère, où nous nous rendons ?

— Nous ne nous rendons pas, Beck; nous ne partons pas. Moi seule, je pars.

Rébecca laissa échapper un blasphème.

— Et pourquoi ?.....

— Parce que je laisse Sarah ici et que naturellement elle a besoin de vous.

— Que le diable vous emporte ! Est-ce que vous croyez que je m'amuse ici.....

— Voulez-vous partir et laisser Sarah ?

— Non, je resterai avec la petite!... Vous le savez bien; mais ne demeurez pas longtemps dehors.

Mme Siebert commençait à faire sa malle, ce en quoi l'aidait Beck.

— Tenez, lui dit-elle en lui donnant un billet de banque — et je vous enverrai de l'argent.

— Bien! Merci! ma chère!.. Allons!... je vais chercher votre voiture. Dans une petite heure, je serai de retour, avant que les domestiques soient éveillés.

— C'est ce que je désire, merci.

Prenant la lettre qu'elle venait d'écrire :

— Après le départ du train, vous remettrez ceci à Mme de Lucelles.

— C'est compris.

— Et ne buvez pas trop, parce que cela finira par vous faire du mal.

Une heure plus tard, Mme Siebert quittait Montclair avec une suprême indifférence.

Rébecca était revenue avec le locatis, profitant de l'occasion pour apporter une provision de liquides. Elle arrima sa cargaison dans le bas d'une armoire de sa chambre et redescendit pour donner un coup de main à sa maîtresse. A elles deux, elles enlevèrent aisément la lourde malle.

— Et Sarah? demanda Beck.

— Vous l'embrasserez pour moi.

Le locatis chargé partit grand train, enfilant la route de Salbris, où l'étrangère prit le train pour Orléans.

Vers neuf heures, lorsque Mme de Lucelles sonna sa femme de chambre, celle-ci lui apprit que Rébecca désirait lui parler.

Rébecca pénétrait un instant plus tard dans la chambre une lettre à la main.

— De médème Siebert.

— Mme Siebert m'écrit ? Elle est donc souffrante ?

— Pas du tout, au contraire.

— Donnez.

Et Mme de Lucelles, grâce à une forte loupe déchiffra les quelques lignes suivantes:

« Chère madame,

« Ne m'en veuillez pas !... Plaignez-moi plutôt. Je pars, je vous quitte, et cela sans vous dire adieu, jugeant les attendrissements inutiles... Je pars, allant où la destinée m'emporte. Merci ! Car pour moi, vous avez été bien bonne, ainsi que Mlle de Briocourt. Je vous laisse Sarah, elle sera mieux à vos côtés qu'aux miens.... Je vous laisse Rébecca aussi, c'est une charge, mais je fais appel à toute votre indulgence..... Un jour, plus tard, je reviendrai. Dès que je le pourrai je vous écrirai. Si l'enfant vous causait la moindre gêne, dites-le-moi bien franchement, sous peu je vous donnerai mon adresse, et Beck me l'amènerait.

« Vous qui croyez à l'efficacité des prières, priez pour moi..... Merci, adieu.

« Berthe Siebert. »

Mme de Lucelles demeura tellement abasourdie qu'elle ne donnait pas d'ordre à Rébecca, laquelle demeurait plantée devant elle, raide comme un piquet.

— C'est bien, ma fille, vous pouvez vous retirer. Priez seulement Mlle de Briocourt de venir me parler.

Quelques secondes plus tard, la bonne Edmée arrivait. Dès les premiers mots, elle leva ses grands bras aux cieux.

— Mme Siebert est partie! Et Sarah?

Mme de Lucelles lui tendit la lettre:

La bonne Edmée s'empara de la lettre, la parcourut avidement. Puis montant quatre à quatre jusqu'à la chambre de la petite qui s'éveillait, elle s'élança sur elle et la serra sur son cœur avec frénésie.

— Tu me fais mal, Brio ! cria la petite... Je t'aime bien, Brio!... Mais il ne faut pas me serrer si fort !...

Un conciliabule très long, entre Mme de Lucelles et Edmée. Il s'agissait de prévenir Sarah, avec les plus minutieuses précautions, de l'inattendu départ de « sa petite mère ». Cette enfant était si nerveuse! Eh bien, Sarah demeura plus que froide!... Ce fut d'un « ah! » glacial qu'elle accueillit la triste nouvelle. Et il n'en fut plus question. Mme de Lucelles et Edmée s'en réjouirent fort, la petite Sarah leur restait tout entière!...

Ce fut une longue série de joies toujours renouvelées. Ces deux créatures, qui n'avaient jamais eu d'enfants, savouraient tous les bonheurs de la maternité.

Aussi, la petite, fut, sous certains rapports, mal élevée. Mais le cœur était bon, l'âme excellente, les reprises étaient aisées.

Quelques mois s'écoulèrent encore et Mme de Lucelles reçut une courte lettre de Mme Siebert. Demandait-elle des nouvelles de Sarah?... Ma foi, tout juste : « Je pense qu'elle va bien! » Telle était la phrase dans son laconisme brutal. Mme Siebert envoyait une somme répondant plus que de raison à l'entretien de la fillette. Cet argent fut religieusement mis de côté par Mme de Lucelles. Elle se trouvait chargée, en outre, d'une mission délicate. Il s'agissait de remettre un billet de cinq cents francs à Rébecca. Celle-ci accepta sans autre remerciement qu'un sec mouvement de tête. Et Mme de Lucelles de s'écrier, quand Beck se fut retirée.

— Mon Dieu! est-ce que cette horrible créature va boire et fumer encore?

Puis des lettres, plus laconiques encore, s'espacèrent. Elles cessèrent même tout à fait, remplacées par des chèques doubles, car il en était toujours un concernant Rébecca Goldwen.

Sarah, grandissait en esprit et en beauté. Non, en sagesse, par exemple, et c'était bien le diable incarné. Mais un seul mot faisait tomber les rages les plus folles, le nom de Mme de Lucelles. Quant à cette pauvre Brio, le petit démon s'en moquait.

Trois années s'écoulaient encore. Sarah accompagnait Mme de Lucelles à l'église. Et Mme de Lucelles et Edmée s'entretenaient de ce cas de conscience. Devait-on laisser Sarah sans être baptisée.

Oui, mais la mère était là, bien qu'elle courût à travers le monde. Et l'abbé Verger donnait un conseil décisif. On ne devait point agir sans le consentement de la mère. Il fallait lui écrire.

Sur ces entrefaites, on recevait un chargement important de Mme Siebert, il venait de Budapest. Une simple phrase l'accompagnait : « Je pense que vous allez tous bien. » Mais la courte missive était écrite sur du papier à en-tête indiquant « L'Hôtel du Danube ». Et Mme de Lucelles y envoyait sa supplique. La réponse arrivait par courrier.

« Chère madame et amie,

« Tout ce que vous voudrez. Je trouve la chose très juste et toute naturelle, Sarah vous appartient bien plus qu'à moi. Servez-lui de marraine, je vous prie.

« Votre très affectionnée,

« Mme Siebert. »

Oh ! ce soir-là, ce fut une grande joie à Montclair. D'autant que le jour même il était arrivé une lettre de Robert.

Et voilà comment Sarah Siebert était devenue la filleule de Mme de Lucelles.

III

Donc, l'enfant était restée, joie du foyer, bonheur de la maison, et Mme de Lucelles avait béni le ciel. Edmée, non moins, malgré les répétés : « Toi, Brio, tu me la paieras. » D'ailleurs, depuis l'éducation chrétienne de Sarah, les mauvais moments de la fillette avaient été en diminuant de plus en plus.

Deux ans après la première communion, des précocités féminines mettaient la bonne marraine et Edmée en grand émoi. Sarah devenait dolente, inquiète, maigrichonne, ne mangeant plus, dormant de moins en moins. Le docteur Frémine demeuré de loin le grand consultant et ordonnateur de Montclair, avait prescrit les sports, le cheval, la gymnastique, tous les exercices violents. Mme de Lucelles n'avait jamais consenti à se séparer de Gipsy, la jument de pur sang, que montait Mme Siebert. On ne pouvait songer à la donner à Sarah. Jean la sortait tous les matins, on était parvenu, l'âge aidant, à l'amener à la douceur. D'abord un poney; puis Gipsy, car le poney Dick avait promptement été trouvé trop sage par Mlle Sarah. La situation s'améliorait, et la santé, une fraîcheur rosée, remplacèrent bien vite les pâles couleurs.

Mais l'enfant gâté reparaissait encore parfois chez la jeune fille, et c'était cet enfant qui, à cette heure, continuait à sangloter la tête enfouie dans les oreillers.

— Allez-vous-en ! répétait l'affolée, allez-vous-en !... Je voudrais être morte !...

Mlle de Briocourt dut se retirer ; elle se réfugia près de Mme de Lucelles, et lui raconta la scène, ajoutant :

— Elle ne veut rien entendre !... Mais, j'ai eu tort, j'ai été maladroite... Elle me parlait de se tuer, de télégraphier à sa mère... Ma foi, malgré moi... je lui ai dit... qu'elle ne savait même pas où se trouvait sa maman !

— Oui ! vous avez eu tort !... devant elle, nous ne devons jamais faire allusion à l'abandon de cette chère petite.

— Ah ! j'ai bien compris ! ma cousine ! J'en suis assez désolée !...

— Mais non, je lui en aurais probablement dit autant.

— Que vous êtes bonne! cousine... Que vous êtes parfaite !... Mais pourtant on ne peut pas la laisser ainsi! Elle va se faire du mal!...

— Je vais arranger tout cela !... Tenez, Edmée, je viens de recevoir une lettre de Robert pendant que vous étiez auprès de cette enfant, qui me rend furieuse ! Oui, dites-lui que je la demande... que j'ai besoin d'elle... Il ne faut pas la laisser en proie à cette émotion si violente !... Vous avez raison, cela pourrait lui faire du mal... D'autre part... nous ne devons pas avoir l'air de capituler... devant Sarah, car ça pourrait avoir un déplorable effet!

La pauvre Edmée rouvrait quelques secondes plus tard la porte de la chambre de Sarah.

Furieuse, la jeune fille se dressait, et, le bras droit étendu :

— Mademoiselle de Briocourt, je vous ai priée de ne point remettre les pieds chez moi ! Faut-il donc vous céder la place ?

— Ce n'est pas moi, ma chérie, c'est ta marraine qui m'envoie !... Elle a beaucoup de chagrin ! Elle pleure, et... tu sais bien que les larmes font le plus grand mal à ses pauvres yeux. De plus, elle vient de recevoir une lettre de M. d'Epagnes et elle désire... quand tu seras calmée, que tu la lises.

Sarah, se jetait en bas de son lit :

— Ce n'est pas pour vous, mademoiselle ! car, vous, je vous exècre !

Sarah dégringolait au salon.

— Pardon !, marraine, pardon !...

Et là, sur les genoux, le petit monstre se pelotonna, les deux bras autour du cou de la chère marraine, et répétant toujours :

« Pardon ! pardon ! Ah ! je suis bien punie, allez ! J'ai été trop méchante ! Vous qui êtes si bonne pour moi, moi ! une enfant abandonnée !

— Alors ! c'est fini, ma chérie, je te pardonne ! Je ne veux plus que tu pleures, tu me fais mal !...

— Oh ! marraine ! quand je vous dis...

— Tais-toi ! mon cher cœur !... Tu m'as demandé pardon ! Tu as du chagrin de m'en avoir tant causé !... Tu me le jures... Là ! n'en parlons plus !... Si tu es sage, tu vas me lire une lettre de Robert. Oui ! Edmée a dû te le dire !... Et tu vas me la lire !

— Oh ! oui ! marraine !... Oh ! oui ! Voulez-vous me donner la lettre ?

C'est qu'elle éprouvait à lire ces lettres un plaisir extrême. Il faut dire aussi que ces lettres étaient devenues d'un intérêt puissant.

Pendant bien des années, après son malheur, ce pauvre Robert avait erré, à travers le monde, cherchant partout la mort, qui s'obstinait à ne pas vouloir de lui. Puis un beau jour, il avait appris que les intérêts français étaient compromis en Abyssinie, et, très riche, il avait organisé une importante expédition.

Toujours, le cœur dévoré par le même cancer, il ne laissait pas en route un lambeau de sa douleur. Et devant les yeux, il avait toujours les yeux adorés.

Donc, le mal demeurait sans remède. Le malheureux ne savait plus que faire, car les grandes chasses, les recherches de l'inconnu, ne pouvaient l'amener à la guérison.

Alors, quoi ? Il se demandait à quel saint se vouer, lorsque les affaires si compliquées d'Abyssinie, les désastres des Italiens en Erythrée fixèrent son attention. Et, peu de temps après, il organisait une expédition très importante, et partait, ayant pour objectif le lac « Victoria Nyanza ». De là, il pénétrait en Abyssinie, par la pointe sud du pays des Gallas.

La première partie de l'expédition avait pleinement réussi. La tribu des Bajos, vive, hospitalière, avait fort aimablement accueilli le « Beau Blanc », et il n'avait pas eu de peine à s'assurer, par contrat, deux cents porteurs qui, se joignant aux trois cents autres noirs et blancs qui composaient sa troupe, lui donnaient l'apparence d'une petite armée.

Le vaste empire d'Ethiopie, dont l'empereur Ménélik est le chef, se divise en plusieurs grandes provinces, gouvernées par des « ras » de second ordre. Il y a cinq provinces principales : le Harrar, gouverné par le ras Makonen ; le Goggiam, par le négus Taclé Aimanot; le pays des Gallas par le ras Micaël ; le Tigré, par le ras Mangascia, et le Choa, royauté personnelle de Ménélik.

Les ras principaux sont maîtres absolus dans leur pays. Ils peuvent faire la guerre non seulement aux étrangers, mais aussi entre eux, et n'usent que trop souvent de ce droit.

Mais ils sont obligés de se présenter devant le

Négus, aussi souvent que celui-ci en exprime le désir, de lui payer le tribut annuel convenu et d'accourir avec leur armée à son aide.

Ajoutons que l'armée choanne peut facilement mettre en ligne cinquante mille hommes armés de fusils à tir rapide, que ces troupes sont disciplinées, d'une sobriété et d'une endurance inouïes et, d'une bravoure, d'une intrépidité folle.

Dans l'âme ardente de Sarah, le journal de route devait exciter un intérêt passionné... Elle n'entrevoyait l'image de Robert d'Epagnes qu'entourée d'un nimbe glorieux.

— Il est bien capable, disait-elle de se tailler un royaume. Il nous ferait venir tous... à sa cour... Brio serait grande-maîtresse des cérémonies.

— Et toi, demandait marraine, qu'est-ce que tu serais là-dedans, chérie ?

— Moi !... je serais toujours votre petite fille.

En ce qui était du royaume, Sarah ne croyait pas si bien parler.

L'expédition de Robert d'Epagnes était supérieurement organisée. Des chevaux en nombre, des mulets de bât portant des charges considérables de conserves assurant une nourriture saine et abondante, lorsque les ressources indigènes et les entours venaient absolument à manquer.

Pour Robert, il était monté sur une jument banbara, d'une ardeur et d'une endurance excessives.

Au journal de route, souvent étaient jointes des photographies précises.

Et dans le même envoi, se trouvèrent l'image de la jument noire Mangub, et aussi celle d'un jeune garçonnet d'une douzaine d'années, de type abyssin, au profil très pur, au teint clair, à l'œil brillant, aux dents blanches.

La colonne s'avançait à petites journées et se disposait à pénétrer sur le territoire des Gallas, lorsqu'elle fut arrêtée par un incident extraordinaire.

Les coureurs de l'expédition rebroussèrent subitement chemin, venant apprendre à Robert qu'une caravane importante s'avançait à angle droit, et que les gros des deux troupes allaient se rencontrer.

C'était une caravane de Soudanais, venant de la côte et emmenant avec elle un convoi d'esclaves. Les marchands soudanais se disposaient à traverser toute la région sud du pays des Gallas, puis atteignant Fachoda, à descendre le cours du Nil jusqu'à Khartoum, où se tiennent, plusieurs fois par an, de très importantes foires d'esclaves.

Le parti de Robert était pris immédiatement, la loi d'humanité le lui imposait. Et, il s'avança seul et sans armes, à la rencontre de la caravane.

Agitant son mouchoir, Robert annonçait à l'avance, ses intentions pacifiques.

On n'y croyait pas sans doute, car quelques balles sifflèrent à ses oreilles. Néanmoins, il continua à avancer.

Enfin, monté sur un vigoureux mulet, un Soudanais énorme, coiffé d'un turban blanc, arriva au trot à quelques mètres de lui.

Robert parlait l'anglais aussi bien que sa langue maternelle. Le nègre le baragouinait un peu... Dès lors, il était aisé de se comprendre...

— Que veux-tu? demanda le marchand d'hommes. La route n'est-elle pas libre?

— Tu vois bien, répliqua Robert d'Epagnes, que je suis venu à toi sans armes.

— Alors que veux-tu ?

— Tu as avec toi des hommes, des femmes et des enfants enchaînés, tu vas les vendre !... C'est un crime auquel je dois m'opposer.

Le Soudanais se mit à rire.

— Je ne te dis rien ! Fais-moi place !... Autrement, les chacals rongeront tes os ce soir !...

— Tu ne veux pas, de bon gré, rendre la liberté à ces esclaves ?

— Tu es fou ! J'ai payé, ces esclaves m'appartiennent !

— C'est ton dernier mot ?

— Non ! j'en ai un autre !...

En même temps, le Soudanais étendait le bras. C'était un ordre, et ses gens ouvraient immédiatement le feu. Mais Robert savait à quoi s'en tenir. La plupart du temps, les nègres tirent la tête détournée, tant ils craignent l'explosion des fusils de traite qu'on leur vend.

Les balles ne sifflèrent même pas à ses oreilles et il rejoignit ses gens au petit galop de Mangub.

Aussitôt ses dispositions étaient prises. Cinquante de ses tirailleurs s'égaillaient, se glissaient à plat ventre au milieu des hautes herbes et, arrivés à cent mètres, commençaient à ouvrir un feu nourri sur la colonne des Soudanais.

— Tirez sur les mulets et les méharis ! ordonna Robert.

En quelques minutes, il y en eut une douzaine par terre. Ce que voyant, les Soudanais s'empressèrent de jouer la fille de l'air, abandonnant sur place leur convoi d'esclaves.

Ceux-ci, attachés par groupes de cinq ou six, regardaient, ahuris, s'avancer le vainqueur, ne sachant quel sort leur était réservé.

Mais, quand ils furent délivrés, la stupeur des premiers instants fit place à une joie délirante ! Cependant ils ne s'attardèrent point en manifestations de reconnaissance. Sans demander pourquoi, femmes, enfants et hommes disparurent tous dans la brousse, tirant au court.

Seul, un garçonnet d'une dizaine d'années, demeurait immobile.

— Comment t'appelles-tu ? lui demanda Robert.

— Gavé Mariam... Je suis un Gallas. Il y a quatre jours, les Arabes — pour les Ethiopiens, tous les musulmans sont des Arabes — les Arabes ont attaqué notre village. Mon père, ma mère, mes frères sont morts en se défendant, moi je suis seul. Quand je serai grand, je m'engagerai dans les troupes du ras... pour venger les miens.

— Et jusque-là?

L'enfant fit le signe de la croix pour répondre :

— Il en sera ce que Dieu voudra.

— N'as-tu pas faim ?

— Oh! oui!... Bien faim!...

Une boîte de conserves, une galette de biscuit, de l'eau, une gorgée d'eau-de-vie, et Gavé Mariam remercia de toute son âme.

— Tu es bon ! Toi !... Eh bien ! emmène-moi... Autrement un lion pourrait bien ne faire de moi qu'une bouchée... Emmène-moi.

Il existe en Abyssinie une fonction spéciale, qui est toujours attribuée à un enfant, c'est celle de porte-fusil.

Cet enfant occupe près de son chef un poste d'absolue confiance ; il est au courant de tous ses secrets, en échange, le maître le traite avec la plus paternelle tendresse. Ces petits confidents portent le nom de « diavoletto ». Les qualités exigées chez le diavoletto, qui n'est jamais âgé de plus de dix à douze ans, sont : la fidélité, le courage, l'intelligence, la rapidité dans la marche et la résistance physique.

L'œil scrutateur de Robert s'était arrêté longtemps sur l'enfant. L'examen fut satisfaisant ; il lut une telle franchise, une telle fierté sur le visage charmant du jeune Abyssin qu'il décrocha le winchester qui pendait à sa selle et le lui tendant :

— Porte-le! et prends-en soin.

Gavé Mariam laissa échapper un rugissement de joie. Il ne pouvait croire à tant de bonheur. Robert d'Epagnes en était certain, désormais il pouvait compter sur le petit Gavé Mariam, à la vie, à la mort.

Puis la colonne reprenait sa route.

Le temps avait brusquement changé, une écrasante chaleur s'était abattue sur toute la contrée, la sueur ruisselait sur les peaux noires.

Le front de Robert se plissait ; il les connaissait bien ces signes maudits, ce ciel couleur de plomb, cet horizon couleur de cendre! Ce qui allait éclater c'était un cyclone ! Et le chef de l'expédition se demandait s'il arriverait à temps pour gagner un petit bois de palmiers nains, qui pourrait abriter un peu sa troupe noire.

Le pays qu'il traversait se montrait d'une nudité, d'une aridité navrantes.

Le bois n'était plus qu'à la distance de trois cents mètres ; mais cette distance, était bien longue encore, tant la troupe, bêtes et gens, était exténuée.

Enfin on l'atteignit. Robert expliqua en quelques mots aux nègres ce qu'il attendait d'eux. Chaque homme devait s'attacher par sa ceinture à un palmier.

Il était temps ! A peine les cordes étaient-elles nouées, que le cyclone éclata dans toute sa rage. Un coup de tonnerre donna le signal, et aux quatre coins, l'horizon s'embrasa.

Les nègres avaient obéi, chacun ayant choisi son arbre, s'attachant à lui, s'aplatissant contre le sol.

Ce furent d'abord des nuages de sable brûlant, pénétrant dans le nez, dans les yeux, dans la gorge. Les mulets poussaient des hennissements lugubres. Les tourbillons de sable embrasé continuaient à inonder la large zone parcourue par le cyclone, tandis que la foudre, sans interruption, ne cessait d'éclater. Impossible de relever la tête. Robert lui-même, s'était sanglé à un palmier, et, ses efforts consistaient à ne point être enlevé de terre, à ne pas suffoquer.

Au plus fort de la tourmente, une petite main nerveuse s'empara de la sienne.

C'était son diavaletto, c'était Mariam, qui s'assurait que son maître était là.

Après le sable, l'eau, les cataractes du ciel, le déluge ! Et toujours la foudre, et toujours les éclairs.

Après cinq heures de pluie et de feu, la tempête se terminait et une lune blafarde se levait pour éclairer ce désastre, moins violent que Robert ne le croyait ; le petit bois de palmiers avait été un lieu d'asile. Les tiges avaient fléchi sans rompre, retenant chacune un corps humain. Deux nègres de l'escorte avaient été foudroyés, ainsi que trois mulets, carbonisés. Après avoir, dans la boue, creusé une tombe pour les victimes, on abandonnait les mulets morts. Puis, au lever d'un radieux soleil l'expédition reprenait sa marche.

Les brûlants rayons éclairaient un panorama immense, où tout était ravagé. La rivière avait débordé, elle montait maintenant la plaine.

Il fallait s'éloigner, gravir la pente des roches basaltiques, et attendre la décrue afin de pouvoir continuer sa route. On campa donc ; l'air doux, l'atmosphère calme. On repartait à l'aube, suivant une route pénible, car on pataugeait dans un sable jaune détrempé.

Et voilà que tout à coup, au moment où la colonne atteignait une courte vallée, des hurlements lugubres se firent entendre. Et Robert pressant les flancs de Mangul, s'étant avancé, frémit d'horreur, en présence d'un horrible spectacle.

La Chéka, en débordant, avait envahi la vallée, emportant, dévastant tout ! Les femmes, les enfants, les vieillards restaient seuls, les hommes valides étant pour quelques jours en expédition guerrière.

Plus rien, ni bestiaux, ni abri, rien que des êtres accroupis sur le sable, hurlant à la faim, à la mort.

Le cœur de Robert se fendit. Il appelait ses hommes, et en quelques minutes les caisses éventrées, calmaient la faim dévorante de ces malheureux.

En face de ce désespoir, de ces souffrances, il donnait à mains ouvertes, sans réfléchir, sans compter.

A cet instant, le journal du voyage s'échappait des mains de Sarah ; ses yeux remplis de larmes l'aveuglaient.

— Quel brave cœur !

— Mais il va mourir de faim à son tour !

C'eût été possible, car l'expédition était obligée de camper pendant plusieurs jours et les ravitaillements lointains et difficiles. Mais enfin les femmes, les enfants et les vieux hommes étaient sauvés et bénissaient la charité du Grand Blanc.

Mais la charité ne commence qu'à la privation. On réduisit les rations et l'on expédia au loin des émissaires qui devaient ramener des bœufs, des moutons et surtout de la farine, du millet et du maïs en grume. Pendant ce temps, les nègres de la colonne édifiaient des toukouls, habitations faites d'une maçonnerie grossière.

C'était une véritable résurrection, les sauvés ne marchandaient point leurs bénédictions ; Robert d'Epagnes n'en demandait pas tant, désirant seulement s'en aller.

Le douzième jour seulement, des beuglement de trompettes annoncèrent la rentrée des guerriers. Ils arrivaient vainqueurs, enivrés, poussant devant eux des troupeaux et aussi des captifs.

Peu s'en fallut qu'avant toute explication ne s'engageât bataille. Des hommes noirs, commandés par un blanc, occupant leur village qu'ils ne reconnaissaient même plus !...

Les femmes s'élançaient. Elles hurlaient les louanges de celui-là même qui les avait empêchées de crever de faim.

Le journal de route se terminait ainsi :

« Le Dégiac, commandant à El-Hara — c'était le nom du petit village sauvé de la famine — me défend de quitter le territoire ; il attend des ordres du ras. »

Et Sarah de s'écrier :

— Que va-t-on lui donner à monsieur Robert, comme récompense ?...

Ce fut Mme de Lucelles qui répondit :

— Ce que l'on devrait lui donner ?... Le droit de partir !... Celui de quitter cet abominable pays.

La jeune fille s'insurgeait :

— Mais, marraine, vous n'y songez pas ! Mais... c'est la gloire !... Je ne sais pas ce qu'il va devenir là-bas, M. Robert, mais...

— Je voudrais surtout le voir revenir...

Longtemps encore, on parla de l'absent.

Cependant, tout a une fin ; il allait falloir revenir à la « grosse histoire » qui avait précédé l'arrivée et la lecture du journal. Sarah y songeait bien, aussi se montrait-elle maintenant, agitée et nerveuse. Ce fut marraine qui reprit, avec une fermeté qui l'étonna elle-même :

— Ma chère enfant, je veux que tu te rendes compte, par toi-même, que les choses ne peuvent continuer à marcher ainsi... Tu m'aimes trop pour vouloir me rendre malheureuse. Eh bien ! je ne vis plus. Mes nuits se passent dans des angoisses mortelles... Une belle nuit, cette malheureuse oubliera d'éteindre sa bougie, sa pipe, et... nous brûlerons tous !... La vérité, c'est que je ne dors plus !... De plus, la présence, à mes côtés, d'un être constamment ivre, me soulève le cœur...

— Je sais bien que Beck a beaucoup de torts, marraine... Mais c'est elle qui m'a élevée ; malgré ses vices, elle m'aime !...

— Oui ! ma chérie !... ton excellent cœur te porte à l'excuser !... mais, elle ne te porte cependant pas assez d'affection pour renoncer à son tabac et à son eau-de-vie. Enfin, cette ivresse de tous les jours constitue un exemple déplorable pour nos gens.

— Marraine, je me suis cent fois répété ce que vous me dites là ! Mais, que faire ?... On ne peut cependant pas jeter Beck sur la rue !

— Mais non ! mignonne ! n'exagérons rien ! Il n'est pas question de jeter Rébecca dehors... Jamais nous n'avons eu des idées aussi noires. Tiens, au bout du petit village de Scaer, qui touche l'un des côtés du parc, il y a une maisonnette avec un jardinet. Eh bien ! elle sera là chez elle. Elle reçoit tous les six mois de sa mère assez d'argent, trop peut-être, pour parer à tous ses besoins... Moi-même, je donnerai ordre qu'elle ne manque jamais de rien.

— Que vous êtes bonne !

— C'est tout naturel.

Ainsi fut tranchée la question Beck. La vieille accepta sans mot dire. Ce fut Sarah qui lui transmit l'ultimatum, et Rébecca déclara qu'elle était très contente « de quitter ce sale baraque ».

Les jours s'écoulèrent avec une quiétude très douce. Sarah se développait à merveille, grâce aux longues heures passées à courir les bois et la plaine, c'était la santé, la force et la beauté tout ensemble. C'était bien l'avis du petit docteur Hortu, toujours candidat perpétuel au mariage. Sarah grandissait, elle était devenue une vraie femme, et lui, toujours plein de lui-même, se déclarait très présentable. Pourquoi donc pas ?

Sarah s'était fort bien aperçue du manège. Mais elle en profitait pour y trouver une occasion de tyranniser davantage encore cette pauvre Brio, qui n'en pouvait plus mais, en lui attribuant toutes les prémices de ce flirt suraigu dont elle était l'objet. Edmée s'agitait, s'énervait, déclarant que sans doute le docteur Hortu était un charmant jeune homme, mais que jamais il n'avait songé à elle. Et Sarah d'insister. —

— Brio ! J'ai encore vu ton amoureux ce matin ; il a passé comme le vent, dans un nuage de poussière, — le docteur Hortu n'allait plus qu'en automobile, — un peu plus il m'écrasait. Certainement, il pensait encore à toi.

Cependant, les mois s'écoulaient ; l'hiver, la neige, puis le renouveau.

Grosse inquiétude à Menclair ; le journal de route de Robert s'était arrêté net. Pas la plus petite nouvelle directe, ni indirecte. Mme de Lucelles avait fait écrire par Mlle de Bricourt une lettre pressante au ministère des Affaires étrangères, et n'avait même pas reçu de réponse. Et Sarah, sa marraine et Brio se désolaient, se livrant à toutes les suppositions, et loin de soupçonner l'affreuse vérité.

Robert avait écrit à sa tante qu'ordre avait été donné de licencier et de disperser sa mission. Cet ordre venait de Négus Adal, empereur et roi de Goggiam. Adal l'avait mandé à sa cour, à Metcha. Force était bien d'obéir. Adal lui demandait en grâce de rester à sa cour, où pendant plusieurs semaines, ce ne furent que festins, que parties de chasses. Robert ne pouvait que se trouver très flatté de tant de faveurs. Enfin, le roi Adal, enthousiasmé de son hôte, ne prenait plus conseil que de lui, le suppliant de réorganiser à l'européenne son armée, ses finances, tout son empire.

C'était une noble tâche, et Robert y trouvait un intérêt immense et comme un commencement d'oubli.

Si nombreuses ses occupations qu'il n'avait pas eu une minute pour écrire son journal de route. — « Je leur raconterai la chose en gros », se répétait-il. Pendant ce temps-là, il employait ses jours et ses nuits à parfaire une œuvre civilisatrice. Car les populations de ces pays sont misérables, alors qu'elles pourraient être heureuses, grâce à un minime travail. Que faudrait-il ?... Quelques sillons de charrue et rien en plus. Robert d'Epagnes travaillait donc à atteindre ce but, et déjà les moissons s'annonçaient merveilleuses.

Celui qui révolutionnait ainsi en bien une partie du pays devait éveiller des jalousies féroces. Un jour, à la suite d'un pantagruélique repas, offert à Robert par un Ras de second ordre, des ouvertures lui étaient faites, à mots couverts d'abord puis bientôt plus précises. Il s'agissait d'organiser une conspiration militaire. On attirerait le roi Adal dans un guet-apens, on l'égorgerait sans bruit, et Robert d'Epagnes prendrait tout simplement sa place, en accordant bien entendu à ses complices une série d'immunités qu'ils convoitaient depuis longtemps.

Robert refusait ces propositions infâmes, mais il commettait la faute de ne point prévenir le roi.

Quelques jours plus tard, Adal l'invitait à une grande partie de chasse.

Trois mille hommes environ cernaient une dizaine de lieues de territoire et formaient un cercle qui, se resserrant peu à peu, amenait des quantités considérables de gibier sous les carabines du Ras, de Robert d'Epagnes et des invités de marque.

A la fin du quatrième jour, jamais le Roi ne s'était montré plus aimable, plus gracieux pour Robert. Celui-ci causait avec animation exposant ses plans de réforme, toute cette réorganisation qui le passionnait.

Il s'arrêta net. Devant lui, deux hommes, armés de carabines à répétition, le couchaient en joue !...

Paralysé par la surprise, il n'opposa aucune résistance à d'autres guerriers qui se jetaient sur lui. En un clin d'œil il se trouvait ligoté ! On l'emmenait et on l'enfermait dans un toukoul séparé.

Les gardiens qui amenèrent Robert d'Epagnes dans le toukoul lui servant de prison, l'avertirent qu'il n'avait plus qu'à se préparer à la mort. C'était inutile, il avait fait le sacrifice de sa vie. Elle fut épargnée cependant ; mais ses jours furent torturés, condamnés à subir les plus effroyables traitements. Trois mois s'écoulaient ! Quatre mois !... La vie de Robert était un martyr de tous les instant.

A peine vêtu, couché par terre sans couverture. Ses bourreaux, par un raffinement de cruauté inouïe, avaient inventé de le tenir attaché, non à un poteau mais à un soldat abyssin, qui, après quelques heures de ce service, était remplacé par un autre.

Puis on venait lui annoncer que la mort allait mettre un terme à ses souffrances. On l'amenait sur le lieu désigné pour l'exécution, on procédait aux préparatifs avec une lenteur calculée. Et le peloton relevait ses armes et on lui annonçait que le Ras lui faisait encore grâce pour cette fois.

Le temps s'écoulait cependant, mais le malheureux Robert qui, jusqu'au quatrième mois, avait scrupuleusement compté les jours, s'était ensuite tellement affaibli, qu'il avait perdu jusqu'à la notion du temps.

Les gardiens ne s'attardaient même plus à le torturer, tant ils avaient conscience qu'au moindre effort ils auraient raison de sa vie. Abandonné, seul, oublié aux limites de ce pays maudit, au plus profond de son cœur il ne conservait même pas l'ombre d'une espérance !

IV

A Montclair, on se désolait. Les projets les plus fous étaient conçus. Il s'agissait d'organiser une expédition de recherches et de bouleverser tous les royaumes de l'Abyssinie de fond en comble. Il fallait de l'argent, beaucoup d'argent. Mais Robert d'Epagnes était fort riche, et possédant une important fortune de son côté, Mme de Lucelles ne pouvait se refuser à avancer de très considérables sommes à son neveu. Mais, dès que l'on abordait ces divagations, Mme de Lucelles imposait le silence à sa filleule :

— Tais-toi, mon enfant ! Tu me fais de la peine !... Tais-toi, attendons !... et prions !...

Sarah se taisait, mais s'en prenait à tous, à Brio d'abord, et au docteur Hortu ensuite. Et avec un sourire chargé d'un écrasant mépris :

— Ah ! si j'étais un homme !

Donc, les trois pauvres femmes se désespéraient.

La chasse, l'équitation commençaient même par ne plus intéresser Sarah.

Un matin, devant le perron de Monclair, elle s'arrêta surprise ; un homme, tête nue, portant une grossière robe de bure brune, venait d'en gravir les degrés. Son vêtement serré à la taille par une grosse corde était usé, troué, souillé aussi par la poussière de la route. Il avait marché vite, et essuyait son large front ridé, avec le plus vulgaire des mouchoirs à carreaux. Mais ce qui illuminait ce visage ravagé, c'étaient des yeux superbes, animés d'une douceur infinie, en même temps que par la lueur d'une foi ardente.

Sarah adressa au moine un profond salut, puis timidement :

— Vous désirez, mon Père ?...

— Parler à Mme de Lucelles.

— Mais entrez, reposez-vous, mon Père ! Vous avez l'air très fatigué.

— Merci, mon enfant !... Car si je suis porteur de tristes nouvelles, je suis chargé d'une autre qui la rendra bien heureuse... Je viens du fond de l'Abyssinie.

Un spasme coupa la parole à Sarah.

— Vous avez... des nouvelles de Robert ?...

Le moine répondit :

— Il est vivant !...

Sarah bouscula presque le pauvre religieux et, trébuchant, elle gravit l'escalier du premier étage, criant :

— Il vit !... Marraine ! Il est vivant !...

Puis, défaillante, elle se laissa aller sur une banquette.

Mme de Lucelles accourait au bruit.

— Que dis-tu, mon enfant ?...

Sarah faisait signe qu'elle ne pouvait plus parler.

— Un moine !... Robert !... vivant !...

Et Mme de Lucelles faillit elle-même perdre connaissance ; elle se roidit, cependant, et descendit. A l'apparition de l'excellente femme, haletante, éperdue, le religieux lui cria :

— Rassurez-vous, madame. Il vit !

Robert vivait !... mais en quel état !...

Etendu sur le sol, n'attendant que la mort il n'avait même plus la perception des heures.

Au loin passa une ombre légère : le petit Mariam !

Oui ! c'était lui ! le brave enfant !...

Il passa et repassa à distance, puis il reparut encore tenant par la main un homme chauve, à longue barbe grise, vêtu d'une misérable robe de bure. C'était un moine.

Il s'avança vers le toukoul. Les gardiens prétendaient s'opposer à son entrée ; mais le moine ne se laissait pas intimider. De la corde lui liant la taille, il détacha un papier plié en quatre, et le tendit aux geôliers. C'était un laissez-passer, signé du ras Adal lui-même.

Robert avait fait un effort pour se relever, il ne put y parvenir. Alors, il regarda l'homme de Dieu qui venait à lui et se prit à pleurer !

— Mon père !... Je n'attends plus que la mort !... Dieu m'a oublié !

— Ne blasphémez pas, mon enfant !... C'est lui qui m'a guidé vers vous !...

— J'ai tant souffert, mon père !...

— Espérez !... Voici ce qui m'amène : J'appartiens à une mission de lazaristes français établie depuis vingt années à Kéren. Il y a un mois, un garçonnet d'une quinzaine d'années est venu me trouver. Il m'apprit vos malheurs, et votre captivité si cruelle... Alors nous sommes partis !... La route a été longue, pénible..., mais me voici enfin..., que puis-je faire pour vous ?

— Que puis-je pour vous ?

Ce mot disait tout. Le saint moine était tout prêt à reprendre son bâton de voyage et à repartir... au bout du monde, pour sauver une créature de Dieu !

Le pauvre moine exposait ses appréhensions, sa communauté n'était pas riche...

— Mais je le suis, moi !... En dehors de cela, une tante à moi, donnerait tout ce qu'elle possède au monde pour me voir revenir auprès d'elle...

— Alors répliqua le père Xavier, avec un élan de joie pleine, nous sommes sauvés. Espoir en Dieu !... Je réponds de tout.

Et il expliqua son plan à Robert ; un plan bien simple, mais qui exigerait de lourdes fatigues, et bien du temps. Le Ras ne refuserait certainement pas de rendre la liberté à son prisonnier, moyennant une rançon élevée. Tout justement, il avait besoin d'argent, se disposant à partir en guerre contre le roi Atikim.

Il allait donc retrouver le Ras, et lui proposer la forte somme. Puis il gagnerait Obock, et il prendrait place à bord du premier paquebot se rendant en Europe.

Et il repartait, emportant toutes les bénédictions de Robert.

Le débat avec le Ras n'était pas long. La rançon était fixée à cent mille francs. Le Ras donnait même un mulet et une escorte au père Xavier.

Les ordres venaient de haut lieu, prescrivant de nourrir le prisonnier, de le laisser dormir et de supprimer tout mauvais traitement. Ce changement de régime ne produisit pas d'abord l'effet que l'on était en droit d'en attendre. L'abattement continuait avec une mortelle faiblesse. A la cour du Ras, on en était aux cent coups. L'homme de cent mille francs allait-il donc jouer au souverain le vilain tour de se laisser mourir ?...

Voilà tout ce que racontait, en termes brefs et précis, le père Xavier à Mme de Lucelles, à Mlle Edmée, et à Sarah.

Et Sarah de s'affoler. Cent mille francs ! Mais ce n'était rien que cent mille francs ! Elle voulait que le Révérend repartît par le premier train.

Mme de Lucelles faisait cependant diligence. Le télégraphe marchait entre Salbris et Paris, et un chèque arrivait par le courrier du lendemain matin. Le père Xavier repartirait dans la journée, et toucherait le chèque en arrivant à Marseille.

Le jour même le père Xavier repartait pour Marseille. Au moment où le coupé de la maison allait le conduire à la gare, Sarah, rougissant et balbutiant, se trouva sur son passage.

— Mon père, voici une croix d'or et de perles, voulez-vous la remettre à... M. Robert... de la part, d'une petite fille qu'il ne connaît pas, mais qui a bien prié pour lui.

— Votre commission sera faite, mon enfant ! Avec l'aide de Dieu, il vous reviendra !

Sarah éclata en sanglots, et elle demeura prostrée à la même place, priant pour celui qu'elle ne connaissait encore que de nom.

Le père Xavier faisait diligence.

— N'épargnez pas l'argent, avait bien recommandé Mme de Lucelles, faites vite ! Aussi avait-il été au plus court, économisant le temps, mais semant l'argent. Et il arriva à point. Robert était encore vivant, mais il ne valait guère mieux. L'espérance commençait à l'abandonner.

Le père Xavier avait bien mené l'affaire. Le Ras sur le bon de cent mille francs, lui livrait son prisonnier.

Robert était libre.

Le père Xavier n'avait dit à personne qu'il gardait encore sous sa robe de bure, une forte liasse de billets de banque, et aussi de nombreuses pièces d'or. Aussitôt en possession de son libéré, il lui achetait un mulet solide, Robert étant incapable de marcher. Evidemment, il se demandait si de cette liberté, si tardivement reconquise, il allait pouvoir en jouir ?...

Le père Xavier qui cheminait à côté de lui, l'exhortait de son mieux :

« Espérez ! Priez ! mon cher enfant. »

Après bien des jours d'une marche pénible, les deux voyageurs arrivaient enfin à Obock, au moment où un paquebot des Messageries, « le Gange » se trouvait sous vapeur. Le père Xavier devait prendre place à bord en même temps que M. d'Epagnes, et l'accompagner jusqu'à Massaouah. Une fois arrivé là, il quitterait à jamais celui qu'il avait si miraculeusement sauvé, pour rejoindre la mission. Après s'être réconfortés, avoir déjeuné, ils prirent une embarcation qui les conduisait à bord du « Gange ».

La baleinière se trouvait déjà à une encâblure du port, quand un cri déchirant se fit entendre.

Et sur la côte, un signal! Un bras noir agitant une écharpe de toile blanche. C'était Mariam !

Ah ! qu'il avait couru ! Ah ! qu'il avait cherché !... Pareil à un chien fidèle qui a perdu son maître, il avait erré dans la montagne, puis il était revenu au point de départ, avait appris la libération de Robert, et il arrivait à Obock juste au moment, où Robert allait s'embarquer.

Les deux laptots qui conduisaient la yole, refusaient de revenir à terre; une pièce d'or mettait un terme à leur hésitation.

Et l'embarcation arrivait bientôt à terre. Là, sur le sable, étendu, haletant, gisait le petit diavoletto.

On transportait l'enfant inanimé dans la yole. Un remerciement imperceptible monta à ses lèvres, et il perdit connaissance. Quand Mariam eut conscience que la lourde machine se mettait en mouvement, et qu'il vit la yole se perdre au loin, la terre se transformer en ligne bleue, la sensation du bonheur galvanisa ce petit corps de bronze.

A Massaouah, le Père Xavier et Robert se séparaient, avec quelle émotion, on le comprend sans peine ! Robert et Mariam débarquaient à Marseille et quarante-huit heures après à Salbris.

Mme de Lucelles était au comble du bonheur. Elle l'avait donc enfin, elle le possédait, cet enfant qui lui avait coûté tant d'angoisses!

La bonne Edmée était également bien heureuse ! Mais pour Sarah, l'effet que Robert produisit sur elle, ce fut de la stupeur!

Sur la cheminée du petit salon de Montclair se voyait, une superbe photographie de Robert d'Epagnes, fort, vigoureux, bien planté, et drapé dans sa robe blanche abyssine.

Etait-ce le même être qu'elle avait sous les yeux, courbé, pâli, les mains tremblantes ! Etait-ce bien le même hésitant, titubant, se traînant avec peine ?

Le docteur en manifesta même trivialement sa surprise. Il n'avait pas appris la délivrance de Robert sans une certaine contrariété. Les années avaient passé, mais il n'oubliait rien, le petit docteur; il se souvenait d'un Robert d'Epagnes, sec, cassant, qui allait sans doute le percer à jour.

— Comment, murmura-t-il, c'est là Robert d'Epagnes ! que j'ai connu si alerte, si pimpant ! Il y a seize ou dix-sept ans, si je ne m'abuse!...

Le plus intéressé, en toute cette affaire, ne sentait nullement le poids de cette cruelle métamorphose. Il vivait maintenant d'une vie végétative. C'est un bonheur sans nuages que l'on éprouve après une longue suite de souffrances. On est doucement heureux, on trouve qu'il fait bon vivre, et l'on s'épanouit à son aise sous les baisers du soleil.

Eh bien ! cette joie bestiale n'était rien encore auprès de l'apaisement moral qui s'était fait dans l'âme de Robert !... La femme adorée et abhorrée n'existait plus pour lui! En fermant les yeux, il ne percevait même plus ses traits.

Tout n'était plus que cendres toutes froides, indifférence, oubli.

Mme de Lucelles avait mandé le docteur Frémine. Et, force avait été à Robert de se laisser palper, inspecter, ausculter. Et la réponse avait été des plus rassurantes : « De la faiblesse, de l'anémie. Le pauvre garçon a été horriblement secoué. Mais la nature a été la plus forte. Le triomphe est complet. Six semaines de repos, de bonne nourriture, d'excellent sommeil, et notre homme sera redevenu ce qu'il était. Je m'en porte garant. »

Sarah, sceptique, secouait la tête, elle ne pouvait croire à cette nouvelle métamorphose. Il lui fallut bien cependant se rendre à l'évidence. Quinze jours ne s'étaient pas écoulés que Robert n'était plus reconnaissable. Il se promenait maintenant sans s'appuyer sur le bras du diavoletto, sa taille se redressait, et ses yeux s'animaient d'une lueur énergique et vivante.

Ce fut bien mieux encore, six semaines plus tard, lorsqu'il annonça son intention de se rendre à Paris pour trois ou quatre jours. Il en revenait les cheveux taillés, la barbe coupée, et vêtu avec une élégance très simple, qui lui seyait à merveille.

Encore quelques jours, et Mme de Lucelles demandait à son neveu de quelle façon il entendait désormais organiser sa vie ?

Et Robert d'Epagnes de répliquer qu'il allait s'installer à la Herche.

Le docteur Hortu, assistant à cette conversation, en leva ses bras au ciel. Etre jeune, riche, bien portant posséder un hôtel à Paris, et ne pas y briller en y faisant une fête énorme!

— Je vois avec plaisir que vous n'avez pas changé, docteur.

M. d'Epagnes ajoutait :

— Non! Paris me tente peu!... Je m'y rendrai certainement de temps à autre... Mais je n'y habiterai plus.

Mme de Lucelles approuva d'un mouvement de tête; mais Mlle Sarah applaudit à tout rompre! Puis, confuse, s'enfouit dans son fauteuil.

— Et alors, mon cher enfant, peux-tu nous dire quels sont tes projets ?

— Oh! bien simples. M'occuper d'agriculture, faire de l'élevage.

Il y eut un silence, puis Mme de Lucelles, après avoir hésité :

— Ecoute, mon enfant, je ne t'ai pas retrouvé pour te reperdre encore. Pardonne-moi mon égoïsme, mais puisque, à ma grande joie, tu renonces à habiter Paris, je voudrais bien t'avoir retrouvé tout à fait. Si tu vas t'enterrer à la Herche, je ne te reverrai plus. Je vais te faire une proposition qui pourrait tout arranger. Montclair est trois fois trop grand, trop vaste, pour mes deux filles, et moi, prends donc le pavillon gauche, le donjon, toutes les dépendances : fais arranger tout cela à ta guise. Mais reste avec moi, avec nous, aux côtés de ta vieille tante, qui n'en a sans doute plus pour longtemps.

Sarah, s'était jetée au cou de Mme de Lucelles, et, se tournant vers Robert :

— Vous ne pouvez pas lui refuser cela ?

Non, en vérité, il ne le pouvait pas. Aussi accepta-t-il de grand cœur. Tout le monde se trouvait enchanté de la combinaison. Tous, hormis le docteur Hortu. Comprenait-on ce gêneur, qui allait toujours se trouver là, à poste fixe !... Encore, s'il n'y avait eu que lui ! Mais son singe, ce damné diavoletto !... Cet affreux petit diable noir, qui l'avait pris en grippe !...

Eh bien ! si le docteur Hortu n'était pas satisfait, le petit Mariam n'était pas content non plus. Plus de guerre, plus de dangers ; l'existence uniforme et régulière!... Avec l'instinct des natures primitives, dans le docteur Hortu, il avait reconnu un ennemi. Aussi s'attachait-il à ses pas, le suivant comme son ombre, et c'était une véritable obsession pour le docteur.

Mais, cette surveillance n'était pas une occupation suffisante pour Mariam. Un jour, n'y tenant plus, il avait adressé à Robert cette question :

— On ne fait donc jamais la guerre dans ton pays ?...

— Non ! On ne fait plus la guerre.

— Alors, qu'est-ce qu'on fait ?

— On fait du commerce, on cherche à gagner de l'argent.

— Ah!

Et Mariam esquissa la moue la plus méprisante.

— Alors, qu'allons-nous faire?

— Je compte te mettre en pension, une pension où j'irai te voir souvent...

— Si tu me fais enfermer, je ne mangerai plus, et je me laisserai mourir.

Et Robert de combattre ; non certes, Mariam ne lui causerait point ce mortel chagrin... Il serait instruit, élevé, il entrerait à Saint-Cyr, pour devenir officier !

— Pourquoi être officier si on ne fait plus la guerre ?

Les travaux d'aménagement avaient été très rapidement poussés. Les écuries renfermaient maintenant de splendides bêtes de selle. Sarah y était toujours fourrée, admirant, écoutant, s'instruisant. Elle était devenue le camarade constant de Robert, qui la traitait naturellement en fillette sans conséquence, mais s'amusait de ses saillies, de son bavardage et des pointes de son esprit original. Peu à peu, il s'habituait à sa présence ; sa solitude avait besoin de ce rayon de soleil.

Un matin, Robert reconnut, après les ablutions glacées du tub, que l'élasticité de ses muscles, complètement revenues lui permettait de remonter à cheval. Et il se prépara aussitôt. Sarah, lorsqu'elle arriva aux écuries, le trouva tout botté, tenant en main un stick.

— Pourquoi ces éperons et ces bottes ?

— Parce que je vais monter...

— Ah !

Cette exclamation était pleine de tristesse.

Depuis le retour de Robert, elle avait complètement négligé les promenades à cheval. Mais à présent que Robert, revenu à la santé, se disposait à monter, la passion violente qu'elle éprouvait pour ce sport se révélait tout entière. Elle allait donc rester seule ! Robert s'aperçut bien vite de son désappointement.

— Voulez-vous que nous montions ensemble ?

— Oh! quel bonheur!... s'écria-t-elle.

Et un instant plus tard, M. d'Epagnes et Sarah franchissaient la grille.

Là, une surprise les attendait.

Mariam se trouvait en dehors, un fusil sur l'épaule et gambadant comme un cabri devant les deux cavaliers.

Robert se mit à rire; Sarah fit chorus.

— Oh! dit-elle, Mariam est furieux!... Il va me prendre en haine.

— Je vais le calmer, fit Robert.

— Mariam, dit-il, nous sommes ici en France, rentre ton fusil... Mais demain tu n'auras plus de chagrin, tu monteras à cheval avec moi.

La joie du diavoletto, remplaça aussitôt son désespoir et, il regagna Montclair en gambadant.

Les deux bêtes prirent bien vite une allure rapide. Dès le premier regard, Robert, avait acquis la certitude que Mlle Siebert, solide en selle, ne pouvait lui inspirer aucune inquiétude.

Un coup de corne se fit entendre, partant au loin d'un nuage de poussière. C'était le docteur Hortu qui faisait du soixante à l'heure.

— Voici une auto, fit Robert, les chevaux y sont habitués ; néanmoins, pour plus de sûreté, mettons nos bêtes au pas.

En bombe, le docteur passait, adressant, de la main, un grand salut à l'allemande. Il avait le visage garni d'œillères. Il était hideux, telle fut du moins l'opinion manifestée par Mlle Sarah.

— Eh bien ! le petit docteur ! Il doit en faire un de ces nez !...

— Et pourquoi ferait-il un nez ?

— Eh bien, parce qu'il nous a vus à cheval ce matin ensemble.

— Qu'est-ce que ça peut bien lui faire ?

— Parce qu'il est jaloux!...

— De qui ?

— De vous !... et de moi !... Vous n'avez pas remarqué qu'il me fait la cour !...

— Comment ! le gnome !...

Robert ressentait ce que l'on éprouve en voyant une hideuse chenille souillant une rose.

Cependant, il se demanda

— Mais, qu'est-ce que ça peut bien me faire à moi que cet affreux bonhomme fasse la cour à cette petite ?...

L'incorrigible Sarah continuait

— Mais, vous ne l'avez donc pas vu... Quand il joue au bésigue chinois avec Brio, il penche la tête et me regarde comme ça ! tenez !

Et Mlle Sarah pencha la tête, arqua ses lèvres, et roula des yeux blancs, complétant une désopilante mimique. Alors elle conclut

— Il est rudement amusant, allez!... Regardez-le, et vous vous en paierez une bonne ! Ma pauvre marraine n'a plus ses bons yeux!... Brio, cette bonne Brio prend ça pour elle !... Elle lui répond, elle roucoule en colombe !... C'est tordant !... Moi ! très digne, vous comprenez... je ne veux rien savoir.

— Mais il est horrible !...

— Bien oui !... Je ne dis pas !... mais... à la campagne, ça occupe... Ah ! les chevaux ont soufflé ; si nous piquions un petit temps de galop, qu'est-ce que vous en diriez, monsieur Robert ?

Et sans attendre la réponse, Sarah claqua des lèvres et partit à fond de train.

Elle avait pris la tête. Et sans le vouloir, Robert d'Epagnes admirait la souplesse de la jeune fille, sa grâce si simple, sa distinction native, et aussi sa robustesse précoce qui s'était si prématurément épanouie. Il revenait sans cesse à cette idée que l'horrible petit Hortu tournait autour de ce sauvageon superbe. Et toujours, en même temps, il ressassait cette réponse :

— Mais en quoi tout cela peut-il m'intéresser !... Me voici arrivé à m'occuper de potins de province! C'est complet!

Cette promenade matinale qui enchantait Sarah et la rendait rayonnante de joie, de beauté, de jeunesse, devait se terminer par un incident lugubre.

Ils rentraient au pas, ayant pris par les grands bois, le soleil brûlant dur à cette heure. Et tout à coup le cob de Robert bondit de côté.

— Qu'est-ce que c'est que cette sorcière ? demanda M. d'Epagnes à Sarah.

Une haillonneuse sordide, la tête hirsute, coiffée d'un méchant chapeau de paille masculin, venait de sortir du taillis.

C'était Rébecca Godwen. Mais en quel état ! Titubant, trébuchant, et tenant entre ses lèvres bleues sa courte pipe noire.

Elle avait bien entendu le mot « sorcière », et dans ses yeux hébétés, avait soudain brillé la flamme de la fureur.

— Beck ! fit Sarah désolée.

— Laissez-moi, vous ! sotte fille !...

Puis, s'adressant à Robert :

— Sorcière ! ah ! je suis bien une sorcière !... Eh bien ! je te prédis que tu traînes ton malheur avec toi !...

— Mais cette femme est ivre ! s'écria M. d'Epagnes.

— Hélas ! oui ! répondit Sarah. Et de grosses larmes assombrissaient ses yeux.

Et, elle raconta toute la lamentable odyssée de Rébecca, et comment Mme de Jaucelles, s'était vue dans l'inéluctable nécessité de renvoyer Beck de Montclair, et de lui laisser ailleurs le couvert et le vivre.

— Ce doit être un chagrin pour vous !

— Un très gros, car elle a été toujours bonne pour moi. J'ai beaucoup d'affection pour elle. Aussi vous m'en voyez toute bouleversée! Moi qui m'amusais tant! moi qui étais si heureuse!...

— Et pas moyen de la guérir ?

— Oh! non, certes! Nous avons essayé de tout!... Mais nous arrivons ! pas un mot à marraine, surtout.

D'un geste de la main, Robert rassurait sa petite amie.

Sarah quittait, quelques instants plus tard, sa robe d'amazone, et apparaissait, dans la salle à manger.

— Eh bien ! mes enfants ! avez-vous fait une bonne promenade ?

— Oui ! certes ! marraine ! — Puis changeant de ton : — Brio ! nous avons rencontré ton amoureux ! Il était encore plus laid qu'à l'ordinaire.

Malgré tous les efforts de Sarah, le déjeuner fut triste. Robert lui-même demeurait agité, ne cessant de s'occuper de celui-là, qu'il envoyait à tous les diables, en l'appelant « in petto » : « l'affreux gnome. » Et s'il abandonnait par la pensée le docteur, alors l'image satanique de la vieille Beck passait et repassait devant ses yeux, et il l'entendait encore lui jeter à la face sa phrase fatidique :

« — Tu traînes ton malheur avec toi !... »

Qu'avait-elle voulu dire ?

Il sortit, partant pour la Herche, surveillant des coupes sans parvenir à dissiper ce malaise moral.

Quant à Sarah, elle se dirigea vers les écuries, certaine d'y rencontrer Mariam. Le diavoletto l'aperçut et chercha à l'éviter, mais la jeune fille courut à lui.

— Mariam ne t'en va pas... j'ai à te parler. Seras-tu content demain, de monter avec M. Robert et avec moi ?...

— Oui ! bien content !

— Mariam, tu as eu du chagrin ce matin, quand M. Robert t'a empêché de porter son fusil... Moi, j'ai ri, parce que ça n'est pas l'habitude chez nous... Mais je n'ai pas ri pour te faire de la peine... Tu as été si bon, si dévoué pour M. Robert... Je t'aime bien ! toi aussi !... Et je ne veux pas que tu sois jaloux de moi !... Et nous serons une vraie paire d'amis, pas, Mariam ?...

Le diavoletto demeura sans répondre.

A la fin sa tête se releva il s'empara d'une main de la jeune fille, et la portant à ses lèvres :

— Tu es belle ! lui dit-il à voix basse, tu es bonne ! Il va t'aimer !...

Un cri de stupeur, et Sarah s'enfuit, répétant à mots entrecoupés :

— Mais il est fou, Mariam !...

Et elle courut s'enfermer dans sa chambre jusqu'au repas du soir.

Robert s'y montra, en belle humeur. Il avait fini par prendre le dessus.

— Nous monterons demain, Sarah ? demanda-t-il, au moment où le docteur Hortu pénétrait dans le salon.

— Oui, certes... Mais avec Mariam, n'est-ce pas ? Vous le lui avez promis, et il s'en fait une fête...

Le docteur avait esquissé un mouvement d'épaules. Ces chevauchées l'horripilaient.

Et déjà il ruminait des projets de mesquine trahison, dans la noirceur de sa vilaine âme...

V

CHEZ certaines natures droites et franches, l'amour ne naît pas facilement, mais quand il vient il éclate sous la forme d'une formidable névrose. En ces cœurs sans défiance, et sans défense aussi, il s'installe en souverain maître.

Une fois déjà, Robert avait subi cette profonde atteinte qui s'était terminée en une effroyable torture. Et ce mal le reprenait, car en vérité, il était depuis bien des jours envoûté sans soupçonner son état d'âme. Comment en effet, se douter qu'un homme de trente-sept ans, allait follement s'éprendre d'une fillette qui dépassait à peine la seizième année ! On lui aurait dit : « Vous êtes pris ! Vous aimez ! » qu'il aurait répondu en haussant les épaules. Il est vrai que la « fillette » était grande, forte, superbement développée, mais enfin, la différence d'âge n'en existait pas moins, et lui, bien qu'il eût recommencé une seconde jeunesse, un léger nuage de poudre ne commençait-il pas à poindre le long de ses tempes ?

Le petit Hortu l'avait bien percé à jour, et il enrageait ferme.

— Quant à elle, cette petite grue, elle en raffole déjà ! c'est limpide !...

Et il avait encore raison. Le mot du diavoletto : « Tu es belle ! il va t'aimer ! » avait été chez cette enfant une révélation foudroyante. Et avec un véritable désespoir, elle s'aperçut que toutes ses pensées se rapportaient à Robert. Maintenant, elle ne comprenait plus l'existence sans Robert ; privée de lui, la vie eût été un désert, un vide.

Et alors, avec désespoir, elle s'écria :

— Mais c'est moi qui l'aime !... C'est moi !... Car j'aimerais mieux mourir, mille fois, que de vivre sans lui ! Mais c'est moi qu'il ne va pas aimer !... Il n'aimera jamais une petite fille comme moi !... Qu'est-ce que je suis pour lui ? une enfant ! On n'aime pas une enfant !... Ah ! que je suis malheureuse !... Cette petite bête de Mariam avait bien besoin de me dire ça ! C'est que je ne vais plus oser le regarder maintenant, Robert ! Oh ! je ne me marierai jamais, c'est bien sûr !... Quand marraine ne sera plus là, je me réfugierai dans un couvent.

Une simple fleur mit le feu aux poudres. Il existait des serres assez vastes à Montclair, mais elles se trouvaient en déplorable état. Robert d'Epagnes ayant carte toute blanche avait engagé un jardinier adroit, auquel il ouvrait un large crédit, et l'artiste l'employait en faisant venir des fleurs rares, des orchidées superbes. Or, un matin, Robert tenait à la main un bouquet qu'il offrait à Sarah, naturellement. La jeune fille rougit de plaisir, et le soir se montra à table, avec une touffe d'orchidées dans ses cheveux blonds.

Le docteur arrivait assez tôt pour entendre Sarah demander à M. d'Epagnes :

— Et, piquées comme ça, elles me vont bien vos fleurs ?

— A ravir !... Vous êtes jolie à croquer !...

Sarah se rengorgeait, mais le docteur Hortu en trépignait de malaise.

Et se rapprochant de la bonne Edmée :

— Ça ne vous écœure pas, vous ?

Brio le regarda de ses gros yeux ébahis.

Cependant, il pensait :

« Mon devoir d'honnête homme est tout tracé, je dois prévenir Mme de Lucelles qu'elle est jouée par ces deux paroissiens-là, qui se moquent carrément d'elle. Ce Robert d'Epagnes se dispose à abuser de cette enfant !... Mais cela ne sera pas, je lui en colle mon billet. »

Le lendemain, il arriva à Montclair sur les deux heures de l'après-midi.

Il allait mettre un terme à cette idylle...

Et il se fit annoncer chez Mme de Lucelles. Cette visite diurne était contre ses habitudes. Edmée le regarda d'un air étonné... et s'esquiva du salon, le cœur battant fort. On ne savait jamais ! Peut-être avait-il une communication à adresser à Mme de Lucelles !... Une demande, peut-être ?...

Oui, c'était une communication, en effet, mais d'une étrange nature.

Le docteur Hortu s'asseyait, après les formules d'usage. Puis enfin, il prit un temps et se décida :

— Madame, commença-t-il, j'aime à croire que vous n'avez jamais eu lieu de douter de ma respectueuse affection...

Mme de Lucelles demeura très surprise.

Après la première phrase, elle attendait la suite, la gravité solennelle du visiteur lui inspirant déjà une vague inquiétude. Le docteur poursuivait :

— Chère madame, je suis certain que vous comprendrez, avec votre grand cœur, la démarche pénible que j'accomplis en ce moment. J'ai tenu à venir vous trouver pour vous mettre en garde. Eh bien ! un scandale est sur le point d'éclater, dans votre maison.

— Un scandale, docteur ? Etes-vous bien sûr de ne pas exagérer?

Le petit Hortu secoua la tête.

— Non, madame ! J'ai vu, de mes yeux vu !

— Allons ! voyons ! au fait !

— Madame, il s'agit de Mlle Sarah, votre pupille, et de M. Robert d'Epagnes, votre neveu !

Mme Lucelles laissa tomber ses mains sur ses genoux.

— Vous croyez, docteur ?

— J'en suis absolument convaincu, chère madame. Votre neveu est passionnément épris de Mlle Sarah, et votre pupille en est folle !

— Voyez-vous cela ! cette gamine !

— Je ne vous comprends pas, madame !

— Eh ! je comprends bien que vous ne me compreniez pas, puisque je ne me comprends pas moi-même ! Vous m'annoncez là, tout de go, une nouvelle qui me renverse. Et dame, alors, je ne sais vraiment plus que vous dire ! Ce que je sais, ce dont je me souviens, c'est que je n'avais pas tout à fait seize ans quand je vis pour la première fois Hector... Trois jours après, j'en étais folle...

— Mais alors, madame ?

Emportée par son sujet, Mme de Lucelles continuait :

— Et savez-vous l'âge qu'avait Hector, mon cher monsieur?... Trente-huit ans! pas un de moins!... Il est vrai que jusqu'à son dernier jour il a été extraordinaire! Les d'Epagnes sont de cette race-là!... Des hommes d'acier!... au cœur d'or!... Comment, vous croyez que ces enfants-là s'adorent!... Oh! mon cher monsieur!... vous avez joliment bien fait de venir me trouver! En m'annonçant cette nouvelle-là, vous ne pouvez me faire plus grand plaisir!.. En êtes-vous bien sûr, au moins?...

— Mais, madame, fit le pauvre Purgon provincial, comment envisagez-vous donc la situation?

— Mais de la façon la plus naturelle, mon cher monsieur! Ces enfants-là s'adorent, m'affirmez-vous! Eh! mon Dieu! Ils s'épouseront! Et cela, dans le plus bref délai, je n'y vois pas d'obstacle! Vous me direz... il y a une très grande disproportion d'âge..., j'en conviens!... Mais il en était de même pour Hector et pour moi!... Et jamais, même dans les plus mauvais moments, car on a toujours des mauvais moments en ménage, tout n'est pas rose dans la vie, je n'ai regretté notre union. Il faut savoir faire une cote mal taillée, voyez-vous; eh bien! les bons moments ont cependant dépassé les mauvaises heures!... Concluez vous-même!... Et puis, en fin de compte, à mon sens, la femme doit être beaucoup plus jeune que son mari... Sa jeunesse, sa beauté, sont les plus sûrs moyens de le retenir au foyer conjugal. Je n'ai pas à m'étendre sur ce sujet, vous en savez beaucoup plus long que moi. Ah! mon cher monsieur! si vous pouviez savoir combien vous me rendez heureuse en m'apprenant cette histoire-là!... C'est qu'ils auraient bien été capables de ne pas m'en dire un mot, les deux monstres!...

Hortu se retirait à reculons.

— Madame, j'ai cru de mon devoir...

— Mais je vous répète que vous avez bien fait, puisque cette nouvelle me rend toute heureuse!... Je ne sais de quelle façon vous témoigner ma reconnaissance.

Le docteur sortait écumant.

Une heure après, un valet de chambre prévenait M. d'Epagnes que Mme de Lucelles le demandait. Une fois dans le petit salon, celle-ci lui désigna un pouf d'un geste :

— Ah! te voilà, mon cher enfant !... Eh bien ! j'ai à te parler... Je ne suis pas satisfaite de toi.

— De moi, ma chère tante ?

— Oui, de toi ! Tu t'appelles bien, je pense, Robert-Hector-Marie d'Epagnes!... C'est donc bien mon neveu qui a manqué de confiance en moi...

« Oui, oui, manqué de confiance... Comment, il faut que ce soit des étrangers qui viennent me dire que... que tu t'es amouraché de Sarah ! Je vous demande un peu !... A ton âge et au sien ! Je ne te demande pas où tu comptes en arriver, car tu es un garçon d'honneur avant tout... Mais enfin, le fait est là... Tu t'occupes d'elle... Je ne puis employer d'autre mot. Tu lui fais la cour... là !

Robert demeurait atterré ! Mme de Lucelles avait raison ; jamais son cœur, si noble, si droit, n'avait pu avoir la plus légère des idées indignes; aussi fut-ce avec une indignation sincère qu'il répliqua :

— Et quel est le misérable qui a osé ?...

— Qui ?... mais le docteur Hurtu...

— Je monte à cheval.

— Et tu vas lui couper les oreilles... Ne fais donc pas de sottises.

— Et que lui avez-vous dit, à cet avorton ?

— Je l'ai infiniment remercié. Ne m'apprenait-il pas la chose qui pouvait, à la fin de mes jours, me rendre le plus heureuse !... Cependant, il faut attendre un peu. Il faut que je la confesse de mon côté, cette demoiselle... ça ne sera pas long... Rien ne pouvait me causer plus grande joie que cette nouvelle ! Sans doute, elle est très jeune, mais elle est grande, forte, une femme tout à fait. Toi, de ton côté, tu es un peu mûr pour elle... mais il y avait plus de différence d'âge encore, entre Hector et moi...

— Ma tante ! ma chère tante...

— Ne me remercie pas... si cela se fait, et je crois que c'est fait, — on croit toujours ce que l'on désire, d'abord, — je partirai sans regret, certaine d'avoir bien marié cette petite que j'aime de tout mon cœur... Tu n'as pas besoin de mon héritage, tu es assez riche pour deux... J'avais déjà l'intention d'en donner la plus grande part à la chère mignonne.

Mme de Lucelles aurait pu continuer longtemps encore, Robert ne l'entendait plus. Oui, il se rendait compte de l'intense vérité... Il aimait, il adorait cette enfant... Un mot de Mme de Lucelles venait de tout lui apprendre. Et maintenant, il palpitait... C'était ridicule, cette union si disproportionnée... Jamais cette enfant ne verrait en lui autre chose qu'un vieux camarade...

Et il se désolait, comme un amoureux de la vingtième année.

Mme de Lucelles terminait ce qu'elle appelait « son premier interrogatoire ».

— Je n'ai accompli que la moitié de ma tâche. Il me faut, maintenant, avoir affaire à cette... jeune personne.

— Vous allez... ma chère tante... ?

— Je vais lui parler, naturellement! Ne t'impatiente pas! Tu n'es pas un enfant, je suppose.

Quelques minutes encore, et Sarah, toute rose, essoufflée, accourait au petit salon.

— Vous voulez me parler, marraine?

— De bien des choses au courant desquelles je crois devoir te mettre, par cette raison que tu fais partie de la famille.

— Des choses... des choses... ne me faites pas languir, marraine !...

— Voyons, ne t'agite pas, et sois calme, je t'en prie, autrement, je ne te dirai rien.

— Je suis calme, marraine, mais, enfin...

— Il s'agit de Robert !... Tu n'es plus une petite fille. Que penses-tu de M. d'Epagnes ? Comment le trouves-tu ?...

Un flot de sang très rouge avait envahi le cou, les joues et jusqu'au front de Sarah. Elle balbutiait :

— Je ne vous comprends pas, marraine ! Je le trouve bon, excellent, parfait, exquis !... Je ne crois pas qu'il puisse se rencontrer un meilleur être sur la terre.

— Oui ! certes !... Il possède toutes les qualités du cœur... mais, comme homme?... Le trouves-tu vieux, jeune, beau, laid ?... Enfin, je désire avoir ton opinion.

Sarah eut un mouvement d'épaules :

— Dame ! marraine ! je ne sais pas, moi !... Je n'ai jamais pensé à l'âge de Robert! de M. Robert... ça n'est pas un tout, tout jeune homme, mais c'est un homme... tout jeune!... Il est beau!... très distingué! très chic! très élégant!... Et avec ça si, simple! En voilà un qui n'est pas à la pose!... Quand on le compare à cette caricature de petit Hortu!... Non!... enfin, il est très bien! quand il parle, pourquoi toutes ces questions, marraine ?... Je pense de M. Robert tout ce que vous en pensez vous-même !...

— Alors, tu ne trouverais pas Robert trop vieux pour se marier ?

— Il est question... d'un mariage... pour Robert ?... Vous allez... le marier... Lui !

Et portant les deux mains à sa tête, d'une voix rauque, étranglée :

— Vous voulez marier Robert !... Vous !... marraine !... Vous ! Oh !...

Et, roide, elle s'écroula sur le tapis !...

Pauvre chère Mme de Lucelles !... La voilà éperdue, cherchant le bouton de la sonnette électrique, la tête affolée, criant : — Edmée ! Edmée ! Mais... elle en meurt, cette enfant ! Mais je suis stupide ! une vieille folle ! Edmée !...

Mlle de Briocourt accourait.

— De l'eau froide ! de l'éther !... Non ! Robert ! Il n'y a que Robert qui puisse... la ranimer ! Et quand on pense que c'est moi !... Mon Dieu ! qui aurait cru ?... Mais il a raison, ce petit monstre de docteur !... Elle en est folle !

Maintenant, Edmée, agenouillée à côté de Sarah, lui aspergeait les tempes avec de l'eau fraîche, cherchant à lui faire respirer de l'éther. Rien n'y faisait.

Robert arrivait enfin.

— Ne me gronde pas, je t'en conjure ! mon cher enfant ! s'écria sa tante. Je suis assez punie, va !... J'ai voulu finasser... savoir ce que pensait de toi cette enfant !... Et la voilà ! Mais que faire! Il faut courir après le docteur Hortu ! Nous n'avons que lui sous la main !...

Robert était devenu très pâle.

Fort heureusement, Sarah ouvrait les yeux.

La mémoire lui revenait, et avec elle l'affreux désespoir :

— Alors, c'est vrai, marraine !... c'est vrai !... Il va se marier ?...

Mme de Lucelles prit Sarah par les mains, l'obligea à se lever, la pressa sur son cœur.

— Mais non, mais non ! Je t'ai dit cela... sottement, sans songer à mal, pour voir ce que tu dirais !...

— Alors, il ne va pas se marier ?

— Mais si !... mais si !

— Ah ! vous voyez bien !

— Non ! chère enfant ! je te le jure, Robert ne se mariera pas... A moins que...

— A moins que...

— Que tu ne le trouves pas trop vieux... et que tu veuilles devenir sa femme ?

— Oh ! marraine ! marraine !... Je crois qu'après avoir failli mourir de douleur, je vais maintenant mourir de joie !

Une main s'emparait de l'une des siennes, et la voix émue, grave, profonde de Robert demandait :

— Alors, vous ne me trouvez pas trop vieux?... Vous voulez bien ?...

Sarah releva sa jolie tête et, plongeant ses yeux dans les prunelles de celui qu'elle aimait de tout son cœur :

— Trop vieux !... Mais je le disais tout à l'heure encore à marraine, que je ne sais pas seulement l'âge que vous avez. Et puis... ça m'est bien égal.

— Alors... c'est oui ?...

— Oh ! oui, oui, oui ! mille fois oui !... D'abord, si vous aviez dû en épouser une autre, j'en serais morte !... Et tout à l'heure, j'ai bien cru que ça y était !

— Allons ! ne parlons plus de ces vilaines histoires-là ! Vous êtes d'accord, mes enfants... c'est l'essentiel !... Allons, embrasse-moi, vilain petit monstre !... Embrasse Edmée... et embrasse aussi Robert, qui ne demande que ça !...

— Le docteur Hortu !... annonçait un domestique.

Hortu apparaissait sur le seuil, radieux. Il allait

Back était sauvée (p. 39.)

donc prendre sa revanche ! On venait de l'aller quérir en hâte. Mlle Sarah venait de se trouver mal ! Il y avait eu évidemment une scène, et la petite avait dû être vertement tancée.

— Me voici, madame, tout à vos ordres.

Et Gabriel Hortu saluait.

— C'est vrai, mon bon docteur ! Nous avons fait monter un homme à cheval pour vous chercher au plus vite !... Cette petite sotte ne s'est-elle pas trouvée mal !... La joie !... Que voulez-vous ! la joie l'a terrassée !... Mais la joie ne tue pas ! Et vous arrivez quand même à merveille, pour connaître, le premier, la bonne nouvelle. J'ai l'honneur de vous faire part du mariage de mon enfant d'adoption avec mon autre enfant, le comte Robert d'Épagnes !... Remerciez bien ce bon docteur, mes chéris, c'est lui qui m'a avertie de votre affection mutuelle...

Le sourire sardonique avait disparu pour faire place à la plus atroce des grimaces.

— Vous êtes bien gentil, docteur ! — Ce fut Sarah.

— Merci, docteur ! — Ce fut Robert.

Lui, pas un geste. Il saluait à droite, à gauche, la gorge sèche, sans un mot. Et il s'enfuit, entendant Sarah s'écrier :

— Ce bon docteur ! il est dans une joie !...

Mme de Lucelles savourait la sienne en silence,

Elle était au comble de ses vœux. L'amour de ces deux êtres lui donnait comme un regain de jeunesse. Dans Robert, il lui semblait retrouver quelque chose de son Hector.

Et voilà qu'elle laissa tomber ses mains sur ses genoux, s'agitant et s'écriant :

— Mais, ma pauvre Edmée ! nous sommes folles !

— Et pourquoi, mon Dieu ?

— Eh bien, mais, et la mère de cette enfant ! Nous n'avons point songé à elle !...

— Sa mère ! sa mère !... Des mamans comme cela !

— Edmée ! ne médisons point de notre prochain !... Nous ne devons jamais oublier que sans cette brave créature qui a risqué sa vie pour nous, nous dormirions, vous et moi, au fond de la Sauldre...

— Sarah est bien plus à vous qu'à Mme Siebert, qu'elle ne connaît pas, dont jamais elle ne parle.

— C'est un tort ! et nous aurions dû lui parler plus souvent de sa mère ! Oh ! de ce côté-là, je ne suis pas en paix avec ma conscience.

— Lui parler de sa mère ? mais à quoi cela aurait-il servi, puisque dans ses lettres elle ne vous parle jamais de son enfant !

— Enfin, faut-il toujours lui écrire : son autorisation est indispensable.

— Certainement, c'est correct, mais ce n'est, après tout, qu'une affaire de convenances... Elle ne s'est jamais occupée de Sarah. Il doit lui importer très peu qu'elle épouse celui-ci ou celui-là.

— Espérons-le, car si d'aventure elle trouvait cette union disproportionnée, j'en serais profondément malheureuse.

— Vous vous inquiétez bien à tort, ma cousine.

— Dieu vous écoute ! Mais... il me vient une crainte à l'âme... Enfin, vous avez inscrit sa dernière adresse ?

— Certainement, ma cousine.

— Eh bien, il faut lui écrire aujourd'hui même. Vous m'indiquerez la place, ma chère Edmée, et je signerai.

Ainsi fut fait, et la demande officielle, adressée à Mme Siebert, poste restante à Budapest, partait le soir même.

Mais Mme de Lucelles avait perdu sa quiétude. Aussi, deux jours plus tard, après le repas du soir qui avait été très gai, Mme de Lucelles, n'y pouvant plus tenir, résolut d'avoir un tête-à-tête avec son neveu.

A mi-voix, se penchant à l'oreille de Mlle de Briocourt :

— Ma chère, rendez-moi le service, je vous prie, d'emmener Sarah. J'ai à causer avec Robert.

Edmée obéit, ainsi qu'elle avait coutume de le faire et Mlle Sarah, avec une mine boudeuse l'accompagna en son mouvement de retraite.

Enfoui dans un profond fauteuil, M. d'Epagnes leva sur sa tante des regards inquiets.

— J'ai voulu te parler en particulier, mon cher enfant, parce que je vois que tu es tout aussi écervelé que ta vieille tante. Songes-tu aux démarches que tu dois faire ?

— Mais, ma tante...

— Il n'y a pas de « mais, ma tante ! »... Il y a ton extrait de naissance, des pièces fournies par ton notaire, pour établir ton contrat, et enfin... — Mme de Lucelles hésitait — et l'acte de décès de ta première femme.

Un pli profond barra le front de Robert.

— Je vais faire toutes les démarches, ma tante. Votre notaire de Salbris se chargera de tout cela. Quant à l'acte de décès de la malheureuse qui a porté mon nom... il est parfaitement en règle.

— Je ne t'ai jamais interrogé sur ce triste sujet. Tu te trouvais en Australie lorsque tu m'as annoncé la mort de celle qui t'a désespéré...

— Oh ! ma tante, ce passé est mort ; je puis bien, à cette heure, tout vous dire.

Et en quelques phrases brèves et précises, il racontait la trahison dont il avait été l'innocente victime, le guet-apens tendu par Clem Claykston et sa complice Laurie Hawké.

— Oh ! les misérables ! murmura Mme de Lucelles.

Une question venait à ses lèvres :

— Comment est-elle morte ?

— Dans un incendie, à Chicago. Les journaux américains se sont occupés beaucoup de cette mort. On citait en maints endroits ses deux noms : « Laurie Hawke, devenue en justes noces comtesse d'Epagnes... » J'écrivis à cette époque à la municipalité de Chicago, et l'on m'expédiait quelques semaines plus tard l'acte de décès régulièrement établi.

— Que Dieu ait son âme, et qu'il veuille qu'elle ait eu le temps de se repentir !

Robert eut un geste qui voulait dire : Passé, tu n'es plus qu'un mot !

Mme de Lucelles laissa échapper un long soupir de soulagement.

Dans la bienfaisante tiédeur du soir, la Sauldre, tranquille, coulait lentement, sous sa bordure de saules échevelés. De la rivière montait une brume légère, et la lune éclairait la terrasse de Montclair. Assis sur un banc, ne parlant pas, Robert et Sarah demeuraient là, écoutant la voix de la nature. Pleinement, ils étaient heureux ! Au bout de la terrasse, par la baie du petit salon, on entendait la voix calme de Mlle de Briocourt lisant les gazettes à sa chère cousine.

Un hululement de chouette se fit entendre de l'autre côté de la rivière, un second plus lointain lui répondit et se répéta, régulier et triste, et la jeune fille tressaillit.

— Oh ! les vilains oiseaux ! On dit que leurs cris vous préviennent toujours d'un danger, d'un malheur !...

— Niaiseries, folies, superstitions !

Robert parlait ainsi pour répondre quelque chose ; mais ces cris sinistres n'étaient pas sans lui inspirer un malaise.

— Rentrons, Sarah ! vous allez avoir froid, l'air est humide.

— Non ! non ! D'abord vous avez dit que vous feriez toujours tout ce que je voudrais, et je ne veux pas rentrer pour entendre Brio encore. Il fait si bon ! si doux ! rien que nous deux... c'est tout ce qu'il y a de meilleur au monde, sans ces horribles bêtes ! Elles avaient bien besoin de venir piauler !...

Les cris de chouettes avaient cessé, mais tout près, derrière la charmille, une forme imprécise surgit de la buée, franchissant d'un bond le balustre, et s'avança d'un pas rapide.

Etouffant un cri de terreur, Sarah s'était enfuie vers le château.

Robert, la tête haute, faisait face à l'ennemi.

Maintenant, la lune l'éclairait en face.

Oh ! il l'avait bien reconnue ! C'était bien elle ! Toujours jeune, belle ! implacable !...

D'une voix posée, elle parlait :

— Vous vous êtes cru délivré, Robert ! et je suis vivante, bien vivante !... Je vous ai bien dit que je vous reverrais !... Je crois que je tiens ma vengeance, Robert ! Pendant tant d'années, je l'ai préparée, couvée ! Et je suis venue vous apprendre deux choses... La première : votre femme, la comtesse d'Epagnes et Mme Siebert ne sont qu'une seule et même personne. Quant à la seconde, la voici : Sarah est ma fille !...

TROISIÈME PARTIE

I

Rentré dans sa chambre, Robert était assis. Le nouveau coup de foudre qui venait de le frapper l'avait brisé, anéanti! Il se demandait s'il n'était pas fou! Allait-il donc continuer longtemps, toujours, à souffrir ainsi?

L'infernale créature ! elle l'avait prévenu, cependant ! Elle avait promis de se venger !... Comme elle avait su choisir son heure !... Et il avait pu croire qu'il allait recommencer sa vie ! Allons donc ! il était trop heureux ! On ne la fait pas, son existence, on la subit !...

Cette fois, il était bien perdu ! à jamais !

Elle pouvait être satisfaite, Laurie Hawke, le drame infernal, si bien machiné par elle, s'achevait selon son désir ! Tout s'écroulait !

Ce que Robert allait devenir, il ne savait. Ce qui était certain, c'est qu'il ne continuerait pas à souffrir ainsi. Il renoncerait à la lutte.

Il s'était levé. Appuyé contre le balustre de la fenêtre, ses yeux plongeaient dans l'infini des bois qui, à perte de vue, s'étendaient devant lui. Une masse sombre, une mer de brume. De la rivière était montée une buée opaque noyant tous les entours de la même teinte neutre. C'était là l'image de la vie ! Il le connaissait bien, cet océan noir, dans lequel pendant si longtemps il avait cru sombrer.

Il allait partir. Où ? Il ne savait. Bien loin, plus loin encore, et il ne reviendrait plus.

Ses regards n'osèrent même pas aller jusqu'à la lumière de la chambre de Sarah, cette enfant à laquelle il n'avait plus le droit de songer !

Et pendant longtemps il demeura là inconscient, écrasé, revenant toujours à cette même pensée :

— Non ! je ne veux pas causer ce suprême chagrin à ma pauvre tante. Je partirai par le premier train, sans même lui dire adieu.

Subitement, ses yeux furent éblouis par une lueur intense qui, tout d'un coup, perça l'épais brouillard comme d'un trou jaune !

Le feu ! c'était le feu !...

A quelque cent mètres de là, la ferme de la Couragère brûlait !

Robert s'était précipité. Un mouvement, au moins, un aimant à donner à sa souffrance, et, qui sait, peut-être un danger !...

Tout le monde arrivait sur le lieu du sinistre.

Une grange pleine de paille, une maison à un étage, tout cela à la fois flambait.

Le fermier, sa femme, deux enfants, s'étaient sauvés, à demi-nus, surpris au milieu de leur sommeil. L'homme s'affolait, il voulait se jeter au milieu des flammes pour reprendre quelques centaines de francs. On s'accrochait à lui; Robert le ceintura, l'obligeant à l'inertie. Il s'adressait à la femme, la calmait. Il paierait, trop heureux, avec de l'argent, de pouvoir sécher des larmes. Mme de Lucelles venait d'arriver, elle aussi, conduite par Edmée. Elle prononçait des paroles réconfortantes. Rien à faire, pas d'existences à risquer surtout. Perte certaine, mais il y avait une assurance. On devait faire la part du feu et isoler d'autres bâtiments. Les pompiers de Salbris amenaient leurs deux pompes au pas de course et les mettaient aussitôt en batterie.

Robert avait pris la direction de la manœuvre. Dès les premiers instants, on avait reconnu en lui le chef à la précision et à la netteté de ses ordres. La chaîne s'organisait, la rivière proche donnait de l'eau à foison.

Malgré des efforts justement combinés, on n'était point encore maître du feu.

Et, tout à coup, un hurlement d'agonie se fit entendre, dominant les crépitements de la flamme, les effondrements des poutres.

Et une forme humaine apparut grimaçante à une lucarne du faîte de la grange.

C'était Rébecca Godwen.

Comment se trouvait-elle là ?

Lorsque, revenant de Salbris, elle ne pouvait même plus, tant elle titubait, regagner sa chaumière, elle grimpait les quelques échelons d'un escalier à pic et avait trouvé là un grenier à foin, où elle s'étendait tout à l'aise, cuvant béatement son eau-de-vie.

Le soir même, elle avait reconduit à la gare Laurie qui, son coup fait, regagnait Paris, savourant sa vengeance.

— Ah ! ah ! ricanait Beck, c'est un bon tour ! Ah ! il m'a appelée « vieille sorcière » ! Eh bien, la vieille sorcière a encore des dents !

— C'est bon ! c'est bon ! interrompit Laurie impatientée, vous êtes insupportable quand vous avez un verre en trop.

— Je n'ai jamais un verre en trop !...

— Eh bien, tenez votre langue !

— Bien sûr, je ne parle jamais à vos sales Français que pour leur dire des injures.

— Tenez.

Et Laurie Hawke remettait une liasse de billets de banque à la vieille Beck.

— Quand vous n'en aurez plus, écrivez-moi !

Et ce fut tout. Les deux femmes se séparaient. Mais le malheur voulut qu'un cabaret de Salbris demeurât encore ouvert. Beck s'y installait. Une fois en complète ivresse, elle avait repris la route de Montclair. Bientôt, elle eut conscience qu'elle ne pourrait jamais atteindre sa chaumière et elle se glissa dans son petit réduit de la Couragère. Et dans le bon foin, bien doux, elle s'était étendue, avec de sourds grognements de joie.

Et maintenant, une bonne pipe !

La pipe, à moitié fumée, s'échappait des lèvres de la vieille Beck et quelques brindilles de foin commençaient à prendre feu.

En sursaut, Beck s'éveillait, roussie déjà !

La tête perdue, elle ne se laissait pas dégringoler par l'escalier... Bien au contraire, elle montait, montait, poursuivie par la flamme, et alors elle était allée donner du front contre un auvent de la grange, qu'elle avait fini par ouvrir, et dans ce cadre de feu elle émergeait, brûlait, hurlant au perdu !

Ah ! elle pouvait bien roussir ! Personne n'était tenté d'aller risquer sa peau.

Et les hommes lui montraient le poing.

Et la vieille hurlait toujours.

— Allons ! une échelle !...

C'était Robert.

— Allons, une échelle, et du foin en bas !

On la trouvait, l'échelle, derrière la grange, étendue contre le mur et on la dressait.

Trop courte, de cinq pieds au moins.

Robert, agile, gravissait.

Alors, au milieu du grand silence qui, tout d'un coup, était tombé sur cette foule, un sanglot de douleur...

C'était Sarah qui s'était glissée aux derniers rangs. Agenouillée, les mains crispées, elle regardait !...

Robert était arrivé au sommet de l'échelle et, accolé à la muraille, les bras élevés, il criait à la vieille :

— Laissez-vous tomber !... ne craignez rien.

Beck obéissait.

Elle s'affalait sur Robert, le faisait ployer...

Mais il résistait; une tension surhumaine des nerfs, et il gardait la vieille dans ses bras ! Beck était sauvée !

Non, pas encore !

L'échelle, pourrie, craquait et se brisait, entraînant Beck et Robert.

Beck, masse molle, tombait en paquet sur le loin étendu.

Pour Robert, se roidissant malgré lui, il allait tomber plus loin, et demeurait là, inanimé.

On le relevait sans qu'il eût repris connaissance.

Le docteur Frémine revenait une fois encore à Montclair, appelé en hâte. Robert avait le bras et la clavicule cassés.

Ce n'était pas tout!... Une fièvre cérébrale se déclarait, et pendant de longs jours, de longues nuits, Mme de Lucelles, Edmée et des serviteurs dévoués le disputaient à la mort.

Beck aussi était alitée; ses brûlures s'étaient envenimées, De plus, la privation de tout alcool l'affolait.

Sarah était venue la voir, chaque jour. Au moins, en cette misérable chaumière, seule avec Beck, qui demeurait impassible, elle pouvait pleurer, pleurer sur son existence brisée, son amour perdu.

A certains instant, cependant, on eût dit que la vieille alcoolique redevenait lucide.

Un jour, Sarah l'entendit qui bégayait :

— Ne pleure pas... fille!... Ne pleure pas!... Tu ne... pleureras pas longtemps!

Plus d'un mois s'écoulait encore, et la vieille demeurait toujours dans le même état comateux.

Sarah la veillait, la frictionnait, la calmait. Sarah! pâlie, maigrie, promenant partout son visage navré et son désespérant sourire.

Robert, n'était pas guéri, mais à peine sur pied, le bras encore en écharpe, il avait fait appel à toutes ses énergies, et avait quitté Montclair, prétextant qu'à Paris il serait plus près du docteur, et, par conséquent mieux soigné.

Mme de Lucelles n'avait tenté aucun effort pour le retenir. Elle comprenait que Robert avait pris Montclair en horreur.

Et il était parti, sans même dire adieu à Sarah! Ne devait-il pas arracher jusqu'à cette image de son cœur!...

— Nous ne le reverrons jamais, avait dit Mlle de Briocourt à sa vieille amie.

Sarah était devenue plus triste encore, et passait ses jours et ses soirées au chevet de Beck. La vieille finissait par se calmer, les crises s'espaçaient. Une lueur d'intelligence, des regards apaisés commençaient à briller au fond de ses yeux caves. Et un matin, ce qu'elle n'avait point fait jusqu'alors, bien au contraire, elle réclamait de la nourriture et, presque du jour au lendemain elle était debout.

Enfouie en un grand fauteuil de jonc, Sarah la trouvait un matin, effrayante! Les brûlures avaient strié sa face jaunie de plaques rouges; ses cheveux brûlés repoussaient par mèches roides, hirsutes.

Ses yeux s'animèrent à la vue de la jeune fille.

Elle s'agita, secoua les cendres de sa pipe — depuis deux jours elle avait recommencé à fumer — et sans autre préambule :

— Demain matin, tu ne viendras pas, toi, ma fille.

— Ah! tu ne veux pas me voir?...

— Si, après, plus tard!... Mais avant ta visite, je veux avoir celle de M. Robert.

— Mais Beck, tu ne le sais donc pas! M. d'Epagnes est parti depuis plus de huit jours.

— Ah! parti! et où parti?

— A Paris, sans doute... Jamais je ne le reverrai maintenant.

— On croit des choses, et souvent on se trompe!

— Non! c'est fini! Je ne sais plus rien! on ne me dit plus rien!... ah! je voudrais être morte!

— Toi! ah! mais non! Ne pleure plus, ma fille! je ne veux pas que tu pleures!... Et laisse-moi...

Sarah regagnait le château. Quant à Beck, elle se levait avec peine. Faible encore, mais avec quelle énergie elle se roidissait!...

— Faut que j'aille, pourtant, grognait-elle. Chienne de carcasse! faut pourtant m'obéir!... Parce que je veux!...

Rébecca Godwen avait atteint la fenêtre et là, déplaçant une brique plate du rebord interne, elle sortait de cette cachette une liasse de billets de banque.

— Peuh; j'en ai là pour plus d'un an, et d'ici à douze mois il se passera bien des choses!... Mais c'est l'autre qui va en avoir une de ces rages!... Elle est bien capable de m'étrangler!... Bah! on verra bien!...

Ceci dit, elle se jeta gloutonnement sur le déjeuner copieux que Sarah lui avait apporté dans un panier.

Quand Sarah revint, le soir, à la chaumière, elle éprouva une violente surprise. La porte était fermée. Rébecca Godwen, elle aussi, était partie.

Que devenait Robert? Le voyage, le mouvement, la fatigue avaient enflammé ses blessures. Il s'était trouvé dans l'obligation de se soigner. Mais le mal du corps n'était rien auprès des tortures morales, et sa conscience lui refusant le droit de se tuer, il continuait à traîner cette lamentable existence, il vivait!...

Puis la santé et la force revinrent encore et il connut alors ces courses sans but, ces heures éternelles de profond, de mortel ennui. Il avait bien retrouvé à Paris des camarades de jadis, mais ils lui semblaient parler un autre idiome, leur commerce l'obsédait. Il déjeunait, il dînait seul, dans un élégant restaurant quelconque, trouvant tout exécrable. Le soir, c'était pis encore! Il se mêlait à la foule, bien qu'il s'y trouvât toujours seul; il allait au théâtre, en sortait au milieu d'un acte, déclarant la pièce idiote, et reprenant un fauteuil ou une loge dans la maison d'à-côté.

Un soir, il s'arrêta machinalement devant des palissades énormes, protégeant de grands bâtiments en construction.

De flamboyantes affiches polychromes couvraient les planches, représentant des exercices de gymnasiarques. Une femme, très belle, quittait un trapèze, décrivait une parabole dans les airs, et allait tomber dans les bras d'un homme en maillot qui, les jambes accrochées à des anneaux, l'attendait, la tête en bas, les bras ballants.

Elle était ressemblante! Car c'était bien elle, Laurie Hawke, il l'avait bien reconnue.

Elle donnait maintenant des représentations dans un music-hall! Quel inéluctable aimant le poussa à entrer, à prendre un fauteuil... Il n'aurait su le dire. Toujours est-il qu'il prit place, sans savoir pourquoi, attendant sans impatience l'instant où elle allait paraître.

Des hommes d'équipe installèrent un énorme filet, et Laurie arriva, vêtue d'un maillot pailleté.

Toujours très belle, avec ses longs cheveux d'or qui encadraient sa ravissante tête.

Elle était tenue en main, on eût dit en laisse, par son barnum, James Flint.

Pas de bonne humeur, messire Flint, jetant autour de lui les regards féroces de ses petits yeux percés en vrille.

Evidemment, la mauvaise humeur du barnum se traduisit par une recommandation, une réprimande, un reproche. Laurie Hawke y répondit par un léger trémoussement d'épaules et un sourire narquois.

Lui rageait, à coup sûr, et les plis de son front se crispaient.

Aux sons d'une valse lente, la voltige commença. Laurie, un petit mouchoir de satin blanc aux mains, se tenait debout, sur une barre fixe, tout au fait de l'immense hall. Flint prenait place à son trapèze, la tête en bas.

— All right!

Un point d'orgue Laurie lâchait son trapèze et

était cueillie, au terme de son vol gracieux, par les deux bras de fer du gorille.

C'était superbe d'audace!... Et ce n'était que le commencement!

Laurie revenait à sa plate-forme et elle repartait pleine essor.

Cette fois, elle se retournait dans les airs, et Flint, à son arrivée, la saisissait par les pieds.

Enfin, elle allait, voletait, exécutant avec une vertigineuse aisance un double saut périlleux, aux frénétiques applaudissements du public, angoissé et émerveillé.

Laurie semblait grisée, elle jouait la difficulté, se surpassant, insoucieuse du péril, jonglant avec la mort.

Par grognements sourds, son barnum semblait la rappeler à la raison, et elle continuait, redoublant d'efforts et de grâce. Elle faisait la belle, pas pour James Flint, à coup sûr.

Celui-là inspirait une invincible et instinctive répulsion à Robert. Mais, quant à Laurie, à celle-là qui avait porté son nom et qui gardait toujours le strict droit de le porter encore, elle n'était pour lui qu'une créature quelconque. Il admirait son incontestable virtuosité, tout comme celle d'un bel animal, mais c'était bien tout!

Plus encore, il ne trouvait point en lui le courage de lui en vouloir.

— Je crois que je suis en train de devenir tout simplement une brute, murmura-t-il, endossant son pardessus que lui tendait l'ouvreuse.

Il sortait avec la foule, lorsqu'il se sentit arrêté par un pan de son pardessus.

— Bonsoir, monsieur Robert.

Ses yeux tombèrent sur une créature falote et grotesque.

Cette femme hors d'âge, présentait une face osseuse et beige, sillonnée de zébrures rouges. Ses lèvres minces et bleues esquissaient une contraction qui, évidemment avait la prétention de ressembler à un sourire.

Robert allait passer, lorsque la femme se mettant devant lui, prononça son nom :

— Beck... Rébecca Godwen!

— Vous! Que venez-vous faire ici?

— Vous voir, donc!... Vous avez offert votre vie pour la mienne, ça valait tout au moins un remerciement.

— Vous ne me devez rien!

— Oh! que si! Personne ne consentait à s'aventurer pour sauver ma chienne de carcasse..., et vous, qui êtes jeune, qui êtes riche, vous ne m'avez pas laissée griller!... Ça ne s'oublie pas ces choses-là!

Robert saluait d'un mouvement de tête, et se retirait.

— Ne vous en allez donc pas si vite... Vous allez bien m'offrir un verre!...

M. d'Epagnes eut un mouvement de dégoût vite réprimé et porta la main à sa poche.

Beck fronça le sourcil.

— Je n'ai rien bu! Je ne suis pas ivre, et si je vous parle d'un verre — j'ai de quoi m'en payer des verres!... — l'histoire est de causer avec vous!... et de vous rendre, je suis certaine, un service!...

— Un service?

— Oui! et un fier, encore!... Que vous paieriez bien de toute votre fortune!...

Intrigué, il commençait à être en éveil.

Beck bougonnait toujours :

— Oh! vous avez raison de faire fi de moi!... Mais j'ai été jeune, jolie, jolie!... je l'étais, il n'y a pas tant de temps que cela encore!... Mais la misère, les chagrins, l'alcool. Je n'ai que huit ans de plus que Laurie! je vous le jure!... Allons! menez-moi quelque part, je vous dis que j'ai à vous parler!... Et puis, elle va sortir, l'autre! Elle va sortir avec cette canaille de Flint.

Beck entraînait Robert qui se laissait faire, dans une grande brasserie voisine. Ils s'installèrent tous les deux à l'écart et Beck se fit servir de la bière, soulignant sa réserve

— Je ne veux pas boire encore, vu que vous pourriez me dire que je suis ivre, et vous ne me croiriez peut-être pas...

Rébecca Godwen parlait d'un ton calme, tandis qu'un tremblement nerveux s'emparait de Robert. Pour se rassurer, il ne cessait de se répéter :

— Qu'est-ce que je risque? Rien ne peut m'arriver encore de malheureux!... Alors?...

Rébecca avait allumé un cigare, puis humant son bock d'un trait :

— D'abord, vous allez me faire le serment de me protéger contre Laurie, parce que, en fin de compte, elle est bien capable de vouloir m'étrangler!...

— Tant que je serai vivant, vous n'avez rien à craindre de cette femme.

— Vous ne la connaissez pas! C'est qu'elle est méchante, oui! Et son bouledogue!... Il mordrait dans du fer!...

— Je saurai vous mettre à l'abri! Et, la chose ne sera pas difficile! Maintenant, parlez!...

— Eh bien! oui! D'abord, je vous le dois!... Vous m'avez sauvé la vie, et... je tiens à payer ma dette. Et puis... ça m'enlèvera un poids qui m'étouffe!...

Anxieux, Robert d'Epagnes attendait; il ne devinait rien. Vaguement, il avait l'intuition cependant qu'il touchait à l'une des heures maîtresses de son existence.

La femme reprenait :

— Voilà pourquoi je vous dis que je n'ai pas bu! Vous auriez cru que j'étais ivre, et que je venais vous conter des boniments. Et encore avant de parler, j'ai une question à vous poser, et il faut que vous y répondiez le cœur sur la main... Alors, vous aimez Sarah?

— Je l'aimais, comme je n'ai jamais aimé!

— Bien oui!... Mais si Sarah avait été la fille... d'une mauvaise femme, d'une misérable femme... l'auriez-vous épousée tout de même?...

— Ah! certes! que m'importe! après tout! Elle est pure!... jamais l'ombre d'une pensée perverse n'a effleuré sa jeune âme! Elle est...

— Eh bien! mon garçon!... — elle devenait familière Rébecca Godwen — vous pouvez, si vous le voulez encore, épouser Sarah!... parce que... elle n'est pas la fille de Laurie Hawke... c'est mon enfant à moi!...

Et les yeux de Rébecca Godwen étincelèrent...

La tête de Robert éclatait.

Est-ce vrai? Était-ce le salut?...

Rébecca parlait maintenant avec une rapidité fébrile.

— Oui! c'est la vérité! La fille de Laurie est morte! et elle, qui n'aimait pas cet enfant, elle a failli devenir folle de rage, parce que, en cette enfant, elle voyait toujours la vengeance! Il faut vous dire que j'ai été jeune, jolie et régulièrement mariée, moi aussi. J'étais sous-maîtresse dans l'établissement où Laurie a été élevée. C'est là que je connus Godwen, un ingénieur électricien, qui gagnait beaucoup d'argent. Je lui plus. J'eus une fille, Sarah! Et Godwen mourut, d'un coup, foudroyé dans une de ses expériences. Sans compter, nous avions dépensé, sans rien mettre de côté!... C'était la misère! C'est alors que je rencontrai Laurie!... Elle vous avait quitté depuis quelques mois, et venait d'avoir, elle aussi, une petite fille, plus jeune que Sarah de trois ans!

Anxieux, Robert écoutait, comprenant bien que Rébecca disait la vérité!...

— Laurie eut-elle pitié de moi? Toujours est-il qu'elle me prit avec elle!... J'avais déjà commencé à fumer et à boire. Dame! que voulez-vous?... quand on traîne la misère noire, on boit!... Et quand on a commencé à boire, on ne s'arrête plus. Elle me dit qu'elle ne pouvait pas s'occuper de son enfant et, de fait, elle était toujours en l'air, c'est le cas de le dire!... James Flint était déjà son... manager... Entre eux, il y avait parfois des scènes terribles!... Mais elle, elle ne boit pas!... Ça m'étonne qu'il ne l'ait pas déjà tuée!, car elle lui en fait voir de rudes!... Elle le secoue comme un prunier! Alors, je me suis donc chargée des deux enfants, accompagnant Laurie partout! Elle gagne de l'argent, autant qu'elle veut!... Elle doit être riche, très riche!... Elle m'a toujours donné de l'argent, jamais elle n'a été méchante pour moi. La mâtine avait déjà son idée... Et voilà sa petite qui meurt du croup en quatre jours!... J'ai cru que Laurie allait devenir folle. Et cela m'étonnait... parce que jamais, jusqu'alors, elle n'avait témoigné d'affection à cette petite. Alors, à partir de ce moment-là, elle a été meilleure encore pour moi!... C'était au moment où elle arrivait à Montclair et se jetait au devant des chevaux de Mme de Lucelles... Elle m'avait dit, à la mort de sa fille :

« Beck... votre enfant, je l'adopte!... C'est ma fille, ma fille à moi! vous entendez!... Je la veux riche! je la veux noble! je veux pour elle tout le bonheur que nous n'avons eu ni l'une ni l'autre. »

« Tombée comme je l'étais déjà, voir un superbe avenir réservé à Sarah, je ne pouvais rêver mieux! Et puis, elle est partie! James Flint était venu la chercher, et elle avait été reprise par sa passion du public, et puis sa rage de courir le monde. Tout m'était égal, maintenant. Boire et fumer, fumer et boire, et la tranquillité, la paix... Votre tante, mademoiselle Edmée, s'étaient affolées de la petite!... Je n'ai compris le plan de Laurie que plus tard!... quand je vous ai vu revenir à Montclair... Vous étiez bien bas, bien bas! mais, en peu de temps vous faisiez peau neuve... Puis, vous vous êtes mis à tourner malgré vous autour de ses jupes... et c'est alors que j'ai compris... que j'ai compris... tout!...

Robert ne savait plus où il en était!... De tout ce que Beck Godwen venait de raconter, il ne comprenait qu'une chose, c'est qu'il sortait enfin de l'enfer.

Rébecca se complaisait dans son récit :

— Oui! j'ai compris tout! et, je puis bien vous l'avouer à présent, je trouvais cela très bien!... J'étais à mon affaire en faisant le mal!... Faire du mal à Mme de Lucelles, et à cette papiste de Mlle Edmée, qui plus de cent fois m'avait dénoncée! Je vous demande un peu si elles ne pouvaient point me laisser boire et fumer en paix... A qui ça faisait du mal?

— Mais! vous avez mis le feu!... vous le savez bien!...

— J'ai mis le feu! ça n'est point prouvé tant que ça que c'est moi!

— Il n'a pas pris tout seul.

— Laurie est bien capable d'être revenue sur ses pas, de m'avoir suivie et d'avoir mis le feu elle-même, pour s'assurer de mon silence!... Enfin, n'importe!... Pour ce qui est de vous, je vous haïssais aussi!... Ne m'avez-vous pas appelée un jour « vieille sorcière »! Et puis je hais tout le monde, moi, d'abord!... Pourquoi suis-je pauvre?... Pourquoi moi qui ai été jolie, ne suis-je pas encore telle que Laurie?... Donc, j'étais heureuse de faire le mal... Ça ne touchait point à Sarah!... Vous comprenez bien, n'est-ce pas?

— Oui! certes! je comprends!

— Le feu est venu! Et dame, sans vous, il emportait mon secret et moi en même temps!... J'ai bien pensé à cela, pendant que mes brûlures me donnaient la fièvre, et que la petite demeurait là tout le long du jour, auprès de mon lit, à me soigner. Ah! qu'elle était pâle, amaigrie!... et l'air malheureux!... et les larmes?... Alors je me suis dit : « Mais ça n'est pas un caprice d'enfant, de petite fille!... C'est bien un amour de femme qui la tient au cœur!... » Et puis, c'est une femme, elle a dix-neuf ans, bien comptés. D'après Laurie, toujours, on lui donnait trois ans de moins, mais personne ne voulait y croire! Alors, dès que j'ai pu me tenir en équilibre, je leur ai faussé compagnie et je suis venue à Paris. Oh! j'étais sûre que je finirais par vous trouver, je savais bien que vous viendriez la voir, l'autre!... Et à présent que vous savez tout, demandez de la bière, beaucoup de bière, car jamais je n'ai tant parlé depuis six ans!... Pour vous, je ne boirai pas de gin ce soir... Je veux bien vous faire encore ce sacrifice-là.

Après avoir étanché sa soif :

— Et maintenant, je vais vous dire ce que vous allez faire... Partez!... partez tout de suite! dès demain matin, et allez dire à Sarah que vous pouvez sans aucune crainte, vous aimer tous les deux! Oui! partez! qu'elle ne vous rencontre pas, qu'elle ne vous voie pas!... Elle lirait dans vos yeux que vous n'êtes plus malheureux! Et elle serait capable de tout!... Vous savoir heureux! vous!... Heureux avec une autre! elle jetterait du vitriol à la figure de Sarah pour la défigurer!...

— Oui, je partirai, dès demain, je vous l'assure. Mais vous, qu'allez-vous faire?

— Moi! je reste ici, pour voir!... Si j'ai besoin d'argent, je vous écrirai!... Je veux la voir de loin, je veux la suivre... Je ne veux pas qu'elle fasse du mal à Sarah.

— Qu'elle y touche! gronda Robert.

— Avec ça qu'elle se gênerait... Je vous dis, que si elle pouvait se douter un seul instant qu'on lui a volé sa vengeance, elle détruirait, elle briserait tout.

— Je saurai veiller sur Sarah!

— Emmenez-la... Que l'autre ne sache pas où vous allez!...

Alors, Rébecca Godwen devint grave, sa voix sombra, s'enrouant tout d'un coup :

— Alors, oui, vous allez dire à Mme de Lucelles et à Mlle Edmée, à Sarah aussi, qu'elle n'est pas la fille de Laurie!... Mais... ne lui dites pas que c'est ma fille à moi!... Je ne veux pas être un objet d'horreur pour mon enfant...

— Si vous vouliez, cependant!

— Allons! vous vous moquez!... Vous croyez que je pourrais me refaire à mon âge!... C'est fini, allez! Quand vous serez parti bien loin, loin de l'autre, je m'en irai aussi, dans un petit coin, pour y finir sans douleur... Allez! partez! vous ne demandez que cela, n'est-ce pas, vous avez le ciel dans les yeux.

— C'est vrai, je suis bien heureux!...

Non! il n'était plus le même, Robert d'Epagnes, Rébecca Godwen avait dit vrai. Il arpentait le boulevard, désert à cette heure, d'un pas léger, alerte. Deux heures du matin, tout départ était encore impossible. Il rongea péniblement son frein et prit le train dès la première heure.

A dix heures, il était à Salbris, et en peu de temps un locatis surmené le ramenait à Montclair.

Mme de Lucelles, Edmée, Sarah, allaient se mettre à table.

Sarah, déjà assise, se leva de table.

Elle avait reconnu son pas! Et portant les deux mains à son cœur, elle cria :

— C'est Robert!

II

Oui, mais elle n'osait pas se montrer!

— C'est toi, mon enfant! fit Mme de Lucelles, accourant au petit salon.

Ce n'était plus la même voix! Mme de Lucelles ne s'y trompait point, l'accent qu'elle venait d'entendre n'était plus celui d'un désespéré!...

— Tu n'as pas déjeuné?

— Le déjeuner attendra, ma chère tante, j'ai à vous parler.

— Et Sarah?

— Elle fera comme le déjeuner, elle attendra un peu, elle aussi. Priez Mlle de Briocourt de venir, ma chère tante, elle n'est pas de trop.

La bonne Edmée, curieuse comme toutes les filles d'Eve, se tenait aux écoutes, et ne demandait que cette autorisation pour se montrer.

Les portes closes, Robert leur dit :

— Nous sommes sauvés!

— Ah! mon Dieu!

— Oui, grâce à Dieu! cette femme a menti! Sarah n'est pas sa fille!...

Si M. d'Epagnes s'attendait à une explosion de joie, il fut cruellement déçu. Un silence morne s'était abattu dans le petit salon.

Il releva la tête et nerveusement :

— Mais vous ne m'avez donc pas compris! Je viens de vous dire que Sarah n'est pas la fille de la femme qui se faisait appeler Mme Siébert.

— Mais si, répondit lentement Mme de Lucelles, Edmée et moi nous avons parfaitement entendu et compris... C'est évidemment un grand bonheur, mais... cela, hélas! ne change rien à l'état actuel des choses!...

— Mais, comment cela, ma tante?

— Tu n'en est pas moins marié, malheureux enfant!... c'est-à-dire attaché par un lien indissoluble!...

Robert d'Epagnes serra les poings. Non, vraiment! il n'y avait point songé! Non, rien n'était fini!... Tout à recommencer, au contraire!...

Robert se leva. Il se révoltait.

— Mais c'est impossible! Vous le savez aussi bien que moi, ma tante, et vous aussi, Edmée, j'ai été trompé d'une façon infame!... Celle que j'ai épousée n'était point la fille de ce misérable Claykston.

Et longtemps il continuait sur ce ton.

Les deux femmes le laissaient parler, l'écoutaient sans l'interrompre, mais leur persistant mutisme lui démontrait bien que rien ne pouvait prévaloir contre le fait sacré! Il se laissa retomber dans un fauteuil en murmurant :

— Ah! j'étais trop heureux!... Cependant, je lutterai! je lutterai jusqu'à la mort!... J'irai jusqu'au Saint Père... Lui seul a le pouvoir de tout briser!...

Mme de Lucelles lui prit la main :

— Oui, mon pauvre enfant! tu es bien malheureux!...

Robert comprenait parfaitement qu'il ne pouvait demeurer à Montclair. Dans tous ses détails, il transmettait à sa tante et à Mlle de Briocourt, la révélation de Rebecca Goldwen, mais priant, ainsi que Beck le lui avait bien recommandé, de ne point instruire Sarah de la vérité tout entière.

Puis, il déjeunait au château, en compagnie de Mme de Lucelles, d'Edmée et de Sarah.

Ah! comme il fut à la fois heureux et douloureusement frappé du changement qui se voyait sur ce pauvre visage amaigri! Oui, il était aimé, bien aimé!...

Alors! il lutterait jusqu'au bout. N'y avait-il pas des précédents! Sans doute, il allait se heurter à des difficultés insurmontables, mais ni le temps, ni la peine, ni l'argent ne lui coûteraient pour conquérir celle en qui il avait à jamais placé son bonheur et sa vie!...

Sarah s'était rendu compte de l'état d'âme de Robert. Ce n'était point l'air d'un désespéré. Et elle aussi, elle s'accrocha aussitôt à cette fragilité.

Robert repartait le soir même. Il allait sans plus tarder commencer ses démarches: il remuerait ciel et terre. Il s'installait donc à Paris, louant des chevaux, des voitures, et passant son temps à courir du ministère des cultes à l'archevêché.

Enfin, il se remuait, il agissait et il continuait à espérer.

Il avait revu Rebecca Goldwen qui lui avait envoyé son adresse, et lui avait donné des nouvelles de Laurie Hawke. Celle-ci, en compagnie de James Flint, continuait le cours de ses représentations qui faisaient toujours courir tout Paris. Beck avait vu Laurie; celle-ci ne se doutait de rien.

— Elle me répète sans cesse combien elle est heureuse du mal qu'elle vous a fait et de celui qu'elle vous fait encore. « Il en mourra! » redit-elle vingt fois par jour, et elle ajoute encore : « Oh! si je pouvais le voir pleurer!... »

Robert laissait Beck raconter toutes ses histoires; mais la passion féroce, l'implacable rancœur de cette femme n'arrivaient même plus à la hauteur de son dégoût.

Cependant, il questionnait Beck Godwen.

— Comment lui avez-vous expliqué votre présence à Paris? ?

— Oh! bien simple! Je lui ai dit que l'on était convaincu que c'était moi qui avait mis le feu; alors j'étais venue la retrouver, la sachant à Paris.

— Et elle vous a crue?

— Oui! elle m'a crue! et pourtant, a-t-elle eu un soupçon, toujours est-il qu'elle m'a regardée droit dans les yeux... Enfin, il ne faudrait pas que cela durât trop longtemps!...

Robert d'Epagnes ne pouvait pas, hélas! précipiter les événements.

Il avait dû expliquer à Beck Godwen pourquoi son mariage l'empêchait d'épouser immédiatement Sarah. Et Beck de répondre en haussant les épaules :

— Ah! c'est vrai! j'oublie toujours que vous êtes un papiste!... Chez nous, en Amérique, ça ne souffre aucune difficulté, ces affaires-là! On se démarie aussi aisément qu'on s'unit!... C'est tout simple.

Enfin, elle déclarait à Robert qu'elle était toute disposée à se rendre chez un homme de loi; elle désirait que ce fût lui qui la conduisît chez un notaire, et là elle ferait sa déclaration dans toutes les règles.

Mais Beck Godwen revenait à son idée fixe :

— C'est égal, je ne voudrais pas vous voir demeurer longtemps à Paris, parce que, si, par malheur, elle arrivait à se méfier de quelque chose... je serais bien sûre de mon affaire, moi d'abord!... et ensuite, peut-être bien, vous aussi!...

Un après-midi, dans une de ces voitures découvertes louées au mois, Robert d'Epagnes descendait la rue de Rivoli. Le cocher avait été obligé de s'arrêter complètement, car l'encombrement rendait la circulation impossible.

En sens contraire, se rendant vers la place de la Concorde, une longue file de voitures marquait également le pas. Malgré sa contention d'esprit, Robert sentit instinctivement la persistance d'un regard qui pesait lourdement sur lui.

Il leva les yeux.

C'était bien elle. Dans une élégante victoria, Laurie étincelante de beauté, d'élégance.

Robert demeura glacial; sans affectation, ses yeux se détournèrent, impassibles, et il n'eut pas conscience de la flamme qui passa dans les prunelles de Laurie. Durant les quelques minutes que la victoria était demeurée immobile, elle avait eu le loisir de dévisager Robert. Et les prévisions de Beck se trouvaient exactes; vainement Laurie cherchait sur le mâle et beau visage les stigmates d'un désespoir concentré!...

— Que fait-il à Paris?...

Telle fut la question qu'immédiatement elle se posa. La présence de Robert lui semblait anormale, inexplicable. Et puis! il n'avait pas l'air malheureux!... Elle flairait un mystère!...

— Il est à Paris, se répétait-elle, et Beck aussi! C'est louche, cette coïncidence!

Beck Godwen s'était bien gardée de raconter à Laurie l'admirable dévouement de Robert. Elle avait bien été forcée de parler de l'incendie de la grange; les stries rouges de son visage exigeaient une explication. Et elle avait dit à Laurie qu'elle s'était sauvée toute seule, le long d'une échelle que les pompiers avaient appliquée le long de la muraille.

Laurie Hawke avait été trop mêlée à la vie parisienne pour ne point en connaître les dessous. Après une nuit sans sommeil, son plan fut vite arrêté. Avant le déjeuner, elle se jetait dans un fiacre, et se faisait conduire place de la Bourse, à l'une de ces nombreuses agences qui font pour le compte des particuliers de la contre-police.

Laurie fut reçue par le directeur de l'agence lui-même, M. Tempier, un gentleman élégamment vêtu, dont les yeux étincelants laissaient transparaître l'admiration.

Laurie ne s'arrêta pas un seul instant à la vive impression qu'elle produisait et, nettement, elle exposa le motif de sa visite.

Elle désirait avoir tous les renseignements possibles sur le comte Robert d'Epagnes et en même temps, connaître les allées et venues d'une Américaine, en ce moment à Paris, Rébecca Godwen; de celle-ci elle fournissait l'adresse. Elle voulait savoir également si le comte Robert d'Epagnes s'était rencontré avec Rébecca. M. Tempier ponctuait les phrases de Laurie de « très bien, très bien ». Puis, celle-ci ayant fini d'exposer son affaire, il prenait un temps, et très doucement :

— C'est cent francs, payables d'avance; ce sont les habitudes de la maison.

Laurie n'avait garde de discuter; elle aurait payé beaucoup plus cher. Elle sortit donc un billet bleu de son réticule. M. Tempier s'était emparé d'un gros registre, et la bouche en cœur :

— Quel nom dois-je inscrire? Madame?... Et à quelle adresse vous faire parvenir les renseignements, qui ne demanderont pas plus de quatre à cinq jours?

— Je viendrai les prendre ici, à votre office à la même heure.

— Alors, c'est cent francs de plus.

Sans broncher, Laurie paya et sortit.

— Oh ! ces quatre journées durant lesquelles il lui fallut attendre ! James Flint en passa de rudes ; aussi les querelles s'éternisèrent-elles entre eux. Pas tendre, James Flint, quand il avait bu un coup. Mais elle revenait à lui toujours quand même ; il s'occupait de tout, des engagements, des traités, et elle tenait à ce précieux collaborateur, toujours ponctuel, toujours exact, en leur vie agitée et errante.

Querelles, injures, affronts, infidélités et trahisons ne parvenaient pas à les brouiller ; on affirmait même que dans l'intimité ils se battaient, et qu'en ces luttes homériques James Flint n'avait pas toujours le dessus.

Pour l'instant, il vivait dans un état de rage concentrée. Laurie n'avait-elle pas eu la sottise de se toquer d'un ténor de café-concert, une vedette glabre, d'allure désinvolte qui obtenait de brillants succès avec ses chansons rosses. Et l'étroite surveillance de Flint n'empêchait pas Laurie de lui glisser dans les doigts. Léo Allia, le ténor, ressentait une sainte souleur de l'hercule, mais Laurie était si belle qu'il parvenait à réprimer ses terreurs bleues.

Qui avait averti James Flint ? Beck Gowden, tout simplement. Oh ! pas directement, à mots couverts. Elle l'avait un beau jour dit à Flint, entre deux cocktails, devant le comptoir du bar, où ils traînaient leurs journées ; elle lui avait parlé tout d'abord de la physionomie sympathique de Léo Allia, dirigeant son flair de perpétuel jaloux dans la direction du ténor. Une autre fois, elle avait ajouté que, si elle était encore femme, elle éprouverait certainement un violent caprice pour ce charmant cabot.

La physionomie du bouledogue s'était contractée.

— Toi, ma fille ! tu sais quelque chose !...

L'autre se défendait, en commère qui en cache long, mais ne consentira jamais à vider le fond de son sac.

En réalité, Beck Gowden se sentait fort inquiète. Elle eût donné tout au monde pour voir Laurie et Flint quitter Paris, la France, l'Europe. Elle devinait un soupçon imprécis mais constant chez Laurie et elle ne cessait de se répéter qu'elle aurait à redouter la pire des vengeances le jour où ce soupçon se muerait en certitude.

James Flint cherchait donc, mais il ne trouvait rien, tant Laurie était habile à dissimuler ses fugues. Néanmoins, une fois au music-hall, à la suite de leurs exercices, il avait croché Léo Allia par un bouton de son habit et, le faisant plier sous le poids de sa lourde main :

— Toi, mon garçon, je te casserai en deux !... Ouvre l'œil !

— Je voudrais bien voir ça !...

— C'est tout vu, et ça ne sera pas long !...

— Moi non plus, ça ne sera pas long !... Nous sommes en pays civilisé, et je me placerai sous la protection de la police !

— C'est moi qui la fais ma police !

Néanmoins, Léo n'en menait pas large.

Trois jours plus tard, Laurie Hawke renouvelait sa visite à l'agence Tempier ; elle apprenait des nouvelles qui dépassaient tout ce qu'elle avait pu imaginer.

D'abord, le sauvetage héroïque. Puis, la venue du comte d'Epagnes à Paris, suivie de près par celle de Beck Gowden.

La déduction s'imposait : Laurie était trahie !

Et son charmant visage se contracta si subitement que M. Tempier, quelque habitué qu'il pût être aux commotions morales de ses clients, en ressentit une vague épouvante.

Promptement, Laurie se remettait, et elle adressait ces seuls mots au mouchard honoraire :

— Vous savez encore autre chose ?

Bien d'autres choses, certes, et des plus intéressantes, encore !

Robert et Rebecca se voyaient fréquemment à Paris. Tempier, les faisant adroitement filer, relevait leurs faits et gestes, et son agent les avait vus entrer chez un notaire, rue Saint-Honoré à différentes reprises. Un saute-ruisseau, adroitement confessé, avait fait connaître le motif de ces visites. M. d'Epagnes et Beck Gowden venaient à l'étude pour une déclaration. Le petit clerc n'en savait pas plus. Laurie n'avait point besoin d'en connaître davantage, elle savait à quoi s'en tenir. Elle solda la facture et quitta sans lui répondre M. Tempier, qui tenait à l'assurer de son dévouement.

Se venger d'abord, punir la traîtresse ! Après on verrait. Agir assez vite pour empêcher la déclaration. Et aussitôt rejoint James Flint, elle lui dit tout. Celui-ci crut à un puissant dérivatif et, espérant être débarrassé du ténor, lui jura de s'associer à cette nouvelle œuvre.

Beck se méfiait ; on eût dit qu'elle sentait une catastrophe planer dans l'air autour d'elle. Donc Beck veillait, mais Laurie demeurait impénétrable.

Fréquemment, les deux femmes se voyaient; si Laurie jouait au naturel son rôle, James Flint était entré dans la peau du sien. Il traitait Beck de façon plaisante, la gouaillant sur ses mèches hirsutes, sur son cou ridé comme celui d'une tortue, l'appelant tour à tour : « Mon cœur, ma jolie ! » et singeant avec elle la parodie d'un flirt grotesque.

— Oui, ma poulette, répétait Flint, quand j'aurai fait fortune, et ça ne tardera plus, nous nous marierons, nous deux, et nous irons planter des cannes à sucre dans l'Ohio.

— Oui, mon canard rose ! répondait Beck en choquant son verre.

La mode était alors, après les théâtres, d'aller passer un moment dans les restaurants du boulevard, voire des Champs-Elysées.

Laurie se rendait souvent dans l'un de ces établissements élégants, accompagnée de son manager d'abord, et, depuis quelque temps, de cette grande bringue de Beck qui, repoussoir burlesque, servait de risée à la galerie.

Dans le hall de l'un de ces superbes caravansérails, il y avait foule.

A l'aspect de Laurie, resplendissante, un maître d'hôtel s'élançait, avenant, obséquieux.

— Il n'y a plus de place, mais j'ai réservé le cabinet mauve, le cabinet de madame.

En ce grand et bruyant vaisseau, inondé de girandoles électriques, Laurie et ses compagnons avaient une place habituelle. C'était une manière de box, séparé de la salle commune par une baie ouverte, et des murs à hauteur d'appui. On y était tranquille, ni tracassé, ni bousculé, et servi à part.

Avec le plus aimable des sourires, le maître d'hôtel disait :

— Je pensais bien que madame viendrait ce soir. Plus de vingt clients sont déjà arrivés pour occuper le cabinet mauve, mais je n'ai jamais voulu le donner. Si madame nous avait fait faux bond, j'aurais rudement été attrapé par le gérant.

— Merci, Herman.

— Passez, « my bride », faisait à très haute voix James Flint, passez, ma colombe ! Allez vous nicher dans le petit coin.

La colombe était roide comme un piquet. Toute l'après-midi, elle avait trinqué avec Flint, et les excitants avaient repris, dans le cours de la soirée, au bar du music-hall. Pour Flint, il n'y paraissait guère ; il « portait la toile » aussi bien qu'un pilote de la Manche, mais Rébecca Godwen avait « son complet ».

Beck s'était laissée choir sur le divan, car elle sentait que ses jambes cotonneuses lui refuseraient bientôt tout service. Ce qu'elle voulait, encore, toujours, c'était satisfaire son vice, boire, boire désespérément.

Ses yeux regardaient sans voir, tandis que ceux de Laurie se fixaient sur elle, avec une persistance inquiétante.

Très simple, le menu ; des huîtres, du jambon. Beck secouait la tête, faisant signe qu'elle n'avait pas faim.

— Comment ! « my sweet », braillait Flint de sa voix de tête, vous n'avez pas faim !... Mais vous avez envie de boire, « my little heart » !... Eh bien ! on va lui en donner du bon lolo, à cette chérie!...

Une grande marque fut apportée dans un seau à glace, et vidée en un clin d'œil. Et à grands verres pleins, Beck Godwen ingurgitait le liquide doré.

Déjà, devant ses yeux hébétés, les ampoules électriques se multipliaient à l'infini, et les éclats de l'orchestre ne parvenaient plus à ses oreilles que comme un ronflement assourdi.

Un sourire de cruauté arqua les yeux perfides de Laurie, et elle murmura quelques mots perceptibles seulement pour Flint, tandis que Beck concentrait tous ses efforts pour allumer une cigarette.

Sur un ordre de Flint, Herman apporta un grand flacon de gin, le verre de Rébecca était vide.

Lorsque le maître d'hôtel se fut retiré, Laurie remplit le verre d'alcool, et le laissa là, à portée de la main.

Oh ! ce ne fut pas long, Beck, s'emparant du verre qui vacilla, laissa échapper une partie du liquide, mais finit néanmoins par l'absorber.

Quelques secondes plus tard, la misérable créature se renversait sur le divan, la tête accotée au mur et s'endormait.

— Elle dort comme un petit bébé ! ricana James Flint.

Mais il n'acheva pas sa plaisanterie ; ses yeux s'injectaient de sang, et ses gros doigts martelaient une marche sur la nappe et son mufle commençait à se plisser.

Dans la glace du cabinet, ne venait-il pas de voir passer la mince et élégante silhouette de Léo Allia, en habit noir, un gardénia à la boutonnière, cherchant une table et répondant à de nombreux saluts.

James Flint s'était levé.

Laurie ne tenta aucun effort pour le retenir, bien

Tuée sur le coup (p. 47.)

qu'aucun des détails de cette scène rapide ne lui eût échappé.

James Flint se perdait dans l'immense salle commune, et Laurie Hawke demeurait seule avec Rébecca Godwen.

Un rapide regard circulaire l'assura qu'elle ne pouvait être vue.

Par excès de précaution cependant, elle tendit l'oreille, et fut frappée par les éclats de voix d'un gérant qui répétait :

— Non, monsieur Flint ! vous êtes un excellent client, mais vous ne ferez pas de scandale ici, autrement, j'envoie chercher la police !... Monsieur Allia ne vous a rien dit, ni rien fait !...

Il y eût un brouhaha.

— Non ! monsieur Allia arrive ! Il n'a parlé à personne!... Il est insupportable, cet hercule, avec ses biceps !...

Non, en vérité, personne ne s'occupait de ce qui pouvait bien se passer dans le cabinet mauve.

A nouveau, Laurie remplit jusqu'au bord le grand verre de gin,

Prenant alors un petit couteau qui venait de lui servir à découper une pêche, elle en introduisit la pointe entre les dents serrées de Rébecca, toujours endormie, renversée sur le divan la tête en arrière, et, doucement, par petites rasades, elle versa tout le contenu du verre dans la gorge de sa victime.

Cela fait, posément, elle remit le verre vide sur la table, s'assurant d'un regard que nul ne s'était occupé d'elle.

Flint, escorté par plusieurs maîtres d'hôtel, revenait, écumant.

— Tous des lâches ! Tous !... Il n'y en a pas un qui veuille boxer !...

Laurie eut une moue.

— Oh ! Flint ! vous êtes insupportable, avec vos sottes histoires !... Je vous le jure bien ! c'est la dernière fois que je sors le soir avec vous !...

— Taisez-vous ! vous !... Je sais à quoi m'en tenir !... Je vous dis que je casserai les reins à votre mirliton de quatre sous !...

— Vous ne casserez rien du tout ! la police vous coffrera et ça sera bien fait !... J'en ai assez ! Payez et partons !

— Je ne suis pas comme vous, ma chère ! j'ai faim et j'ai soif !...

Et il se rua sur le jambon, l'arrosant de vin sans mousse.

Désignant Rébecca d'un coup de menton :

— Qu'est-ce que nous allons faire de ça ?...

— Rien ! répondit Laurie.

Elle fouillait les poches de Beck.

— Il n'y a qu'à ne pas lui laisser d'argent sur elle... Les garçons la connaissent bien, ils la feront reconduire, quand elle aura retrouvé sa raison. Jusqu'à ce moment, elle est très bien là...

Sa main droite s'était insinuée dans la poche de la robe de Beck, et elle avait senti sous ses doigts le frôlement d'un épais papier plié en quatre. Elle l'amena au clair et lut.

C'était la déclaration !...

Rien n'y manquait, ni la précision ni les détails. Rébecca Godwen reconnaissait par la présente que Sarah était bien sa fille légitime, comme en faisait foi son acte de naissance, venu d'Amérique par le dernier paquebot.

— Oh ! la gueuse ! la misérable !... gronda Laurie.

James Flint continuait à goinfrer.

— Laissez donc toutes ces vieilles histoires-là tranquilles, ma chère !... Vous finirez par devenir laide !...

— Vous êtes une brute, Flint !

— C'est entendu !... Une brute qui consent maintenant à s'en aller !... Seulement je vous préviens bien que votre ténor ne perdra rien pour attendre !...

L'exaspération de Laurie venait d'atteindre son comble. Sur le papier, dans le coin droit, écrit à l'encre rouge, elle venait de lire le mot : « Copie ».

Quant à l'original, il se trouvait à l'heure actuelle bien à l'abri, hors de la portée de ses mains.

Le maître d'hôtel recevait, la note acquittée, un princier pourboire.

L'hercule endossait son mac-farlane, tout en grognant encore :

— Quel tas de lâches ! vous avez vu, Herman ? Pas un qui ait consenti à faire une passe !

Le maître d'hôtel sourit :

— Une passe avec vous, monsieur Flint! mais, autant vaudrait se suicider tout de suite !...

Cette flatterie eut le don de dérider Flint.

— Taisez-vous, farceur! — Voulez-vous faire une passe, vous, Herman ? une passe, une seule ? et je paie tout ce que vous voudrez !

— Merci bien ! Merci bien ! monsieur Flint, je tiens à mes os, moi aussi !...

D'un air désolé James Flint secoua la tête ; il n'avait plus d'espoir.

Désignant Beck, roidie sur le divan :

— Ah ! Herman ! dites-moi, c'est vous qui allez vous charger de cette chose ?...

— Oui, monsieur Flint, n'ayez crainte ! On va laisser cette dame ici jusqu'à la fermeture, et alors, on la couchera dans une chambre de l'hôtel, ou un chasseur, si cela est possible, la reconduira à son domicile.

Avec le plus profond dédain, Flint conclut :

— Ça ne sait pas boire !

Le maître d'hôtel répliqua à son tour :

— Ça finira par lui jouer un tour !

— Ayez-en bien soin, Herman, insista Laurie, ça me regarde... qu'on la couche, s'il le faut, et qu'on la laisse dormir.

— Madame peut être tranquille, j'y veillerai moi-même !... La voiture de madame est avancée.

Laurie et James Flint partaient. Aussitôt après, le gérant donnait des ordres... On ne pouvait laisser une femme en cet état dans le cabinet mauve, ça compromettait la maison !...

Herman tentait une protestation ; il se faisait rabrouer d'importance.

Deux plongeurs arrivaient, enlevaient le corps raide de Rébecca et le transportaient au premier étage de l'hôtel. Là, on étendait la malheureuse sur un lit, et on abandonnait ce corps inerte dont l'âme misérable était, depuis un long moment déjà, envolée.

Laurie s'était vengée d'une main sûre !... Rébecca Godwen venait de payer la seule bonne action qu'elle eût commise.

III

Il faut trouver autre chose, se disait Laurie, car la pensée que Robert pourrait être un jour heureux la mettait en état de véritables transes; et elle se torturait l'esprit pour l'atteindre une fois encore en plein cœur.

Vers les dix heures, le lendemain matin, Laurie avait envoyé une femme de chambre savoir de quelle façon Beck avait passé la fin de la nuit. On n'avait point encore troublé le repos de la dormeuse. Sur les instances de l'envoyé, on pénétrait enfin jusqu'à Rébecca. Celle-ci dormait, mais son dernier sommeil.

Aussitôt ce fut un brouhaha infernal par tout l'hôtel.

Bref, après un conseil de guerre rapidement tenu, on transportait le corps de Rébecca dans une voiture et on le reconduisait au family-house, où Beck avait installé ses pénates. Et, pour tout le monde, ce fut seulement alors, dans son lit, qu'elle rendit le dernier soupir.

Quand Laurie apprit la nouvelle à Flint, celui-ci la regarda en dessous, et se contenta de dire :

— C'est l'histoire de la bouteille de gin!

L'hercule avait sans doute compris, mais Laurie et lui en étaient-ils à un crime près ?

Les journaux du soir parlaient en termes vagues de l'événement. Une vieille soupeuse qui avait succombé à une attaque. Rien de bien intéressant, comme on voit.

Robert n'attendait point Beck Godwen. Il avait en poche la déclaration notariée, l'extrait de naissance de Sarah. Il abandonnait la malheureuse créature à sa triste existence, tenant à sa disposition une rente suffisante, pour qu'elle se trouvât dans une large aisance jusqu'à la fin de ses jours.

Ce fut donc par les journaux qu'il apprit que Rébecca Godwen avait cessé de vivre, et il eût l'intuition de la vérité.

— Elle l'a tuée, se répéta-t-il à diverses reprises.

Dénoncer Laurie à la justice lui répugnait ; d'un

autre côté, avec la conviction que ce crime avait été commis par elle, pouvait-il le laisser impuni ?... Il hésitait, n'osant trancher la question, s'y trouvant par trop intéressé lui-même.

Deux jours s'écoulèrent.

Le soir du troisième, Laurie en était arrivée à ses représentations d'adieu. Des bandes collées sur les affiches les annonçaient en caractères énormes. Puis, des potins couraient le boulevard. Laurie s'était disputée avec son directeur, prétendant quitter Paris, la mort de sa vieille amie lui rendant le séjour de Paris insupportable. Elle offrait même de payer un fort dédit, mais le directeur ne voulait rien savoir.

En réalité, Laurie entendait recouvrer toute sa liberté, pour combiner et exécuter « l'autre chose » !

Au music-hall on s'écrasait ; plus un fauteuil, un strapontin, un petit banc.

Léo Allia était très entouré. Comme il chantait de meilleure heure, il avait pu, une fois encore, venir admirer la superbe créature qui se jouait du péril.

Un journaliste soumettait le chanteur à une interview serrée, afin d'obtenir des détails sur l'altercation qui aurait eu lieu, la veille au soir, entre Léo et « le Gorille » de Laurie Hawke.

Ce pseudonyme devait rester à James Flint, au moins pendant toute une soirée. Et l'on était d'accord pour trouver que ce quadrumane en prenait trop à sa guise, donnant raison à Léo Allia, lequel, se sentant appuyé, plastronnait et se cambrait, comme un coq.

Laurie parut, et un élan d'admiration salua sa venue. Léo l'acclamait plus fort que les autres, aussi la folle créature lui adressa-t-elle un particulier sourire.

Mais Flint suivait, il avait surpris le regard, et sa face devint hideuse.

Une envie folle de bondir et d'étrangler son ennemi. Le sentiment de son impuissance le retint : il comprit qu'il fallait passer sur le corps de vingt hommes avant d'atteindre Léo. Puis, évidemment, il avait été signalé à des municipaux qui le tenaient à l'œil. Sa rage rentrée éveilla en lui un énervement intense.

Laurie était déjà au pied de l'échelle et se hissait jusqu'au premier trapèze à la force de ses minces poignets, puis elle décrivit sa première courbe, et allait se poser sur le trapèze en face, à l'autre bout du diamètre de la rotonde.

L'orchestre commençait la valse lente, et Laurie s'élançait à nouveau, planant dans les airs, et allait toujours, avec une précision automatique, retomber dans les mains de fer de son gorille. On applaudissait à faire crouler l'hémicycle.

James Flint était préoccupé.

Ses petits yeux de porc féroce allaient de Laurie à Léo Allia, qu'il avait bien su découvrir au milieu des habits noirs.

Laurie allait partir !

Les yeux de Flint revinrent à elle.

Mais alors il vit, il vit nettement Laurie qui, du bout des doigts, envoyait un baiser à son ténor !...

Cela fait, elle s'élançait !... C'était le coup de la double courbe, avant de retomber aux mains de Flint.

Les yeux de celui-ci, pendant un millième de seconde, coururent au ténor.

Quand ils revinrent à Laurie, il n'était plus temps ! Une main de l'hercule parvint seule à saisir les doigts de Laurie...

Elle tenta un surhumain effort, pour se raccrocher au poignet de Flint, ses doigts glissèrent !... Elle tomba !...

Et le balan imprimé à son corps l'envoyant en dehors du filet, sa tête et ses épaules portaient sur le balustre de l'une des loges.

Oh ! elle n'avait pas souffert !... Avait-elle eu le temps seulement d'entendre le hurlement de terreur et d'angoisse poussé par les mille voix de la foule ?...

Tuée sur le coup !...

A Montclair, vers deux heures, les journaux et le courrier venaient d'arriver. Et, en même temps, une dépêche laconique :

« Je reviens, tendresses.

» ROBERT. »

Mlle Edmée commençait la quotidienne lecture des feuilles.

— Ah ! grand Dieu !

Et d'une voix haletante, elle lut, à mots hachés, le récit de l'épouvantable drame.

Un silence, un long silence...

Avec ferveur, les deux femmes priaient pour celle qui, en pleine joie du mal, venait d'être surprise par la mort.

— Et Sarah ! s'écria tout à coup Mme de Lucelles.

— Comment lui apprendre ?... Robert est libre !...

— Non ! Edmée ! il ne faut rien lui dire, Robert seul !...

Prenant une décision soudaine, Mme de Lucelles sonna.

— Priez mademoiselle Sarah de venir, ordonna-t-elle au domestique.

La jeune fille accourait.

— Mon enfant... Robert arrive... par le train de quatre heures ; on attelle... Veux-tu venir avec nous au-devant de lui?...

— Oh !... marraine... de tout mon cœur !

FIN

PROCHAIN OUVRAGE A PARAITRE

... Et l'Amour triompha!

par

Rodolphe BRUNYER

... ET L'AMOUR TRIOMPHA!

CHAPITRE PREMIER

LE SACRIFICE

— Ah! c'est toi, mon pauvre Jacques! Je t'attendais justement. Tu arrives à propos.

Maître Monin, notaire à Pierreplatte, s'étant levé, avança une chaise à un grand jeune homme vêtu de deuil qui venait de pénétrer dans son cabinet.

Le jeune homme s'assit.

Il pouvait avoir vingt-cinq ans, sa figure sans être belle, était énergique et trahissait une grande intelligence. Il portait les cheveux longs et sa barbe noire était taillée en pointe.

Il se tut quelques instants; puis, comme Maître Monin s'était installé derrière son bureau, une antique table en acajou toute surchargée de papiers jaunis et poudreux.

— Eh bien! dit-il, tout est-il réglé maintenant?

— Oui, c'est fini, répondit maître Monin.

— Alors!

Bien qu'il voulut paraître calme, tout son être frissonna en prononçant ce mot.

C'est que la minute était décisive, et son avenir, sa vie entière dépendait de la réponse du notaire.

Maître Monin ne répondit d'abord rien.

D'un geste machinal, il repoussa ses lunettes sur son front, se frotta les yeux, puis il se leva.

Jacques pâlit.

Connaissant le notaire de vieille date, il avait peur de trop bien comprendre le silence de maître Monin.

A son tour, il se leva, et fébrilement :

— Eh bien! voyons! Je ne suis pas un enfant. Répondez-moi franchement.

— La vérité, tu veux toute la vérité? prononça le notaire en posant sa main sur l'épaule du jeune homme. Eh bien! mon pauvre ami, tout compris, excepté la maison, la succession de ton père s'élève à trente mille francs qui te font tout juste « douze cents » francs de rente.

— Trente mille franes! murmura Jacqus; trente mille frans!...

Maître Monin se promenait de long en large dans son étude, maintenant, et les mains derrière le dos, tapotant les basques de sa jaquette.

— Ton père, expliquait-il, ne savait pas assez compter. Ce fut un brave homme et tu sais combien je l'aimais. Mais que veux-tu? Il avait un défaut, un grave défaut dans le siècle où nous vivons : il était trop obligeant et trop confiant.

Et se dirigeant vers son bureau, il prit une liasse de papiers.

— Tu vois ça, fit-il, ce sont des créances, cinquante mille francs de créances dont tu ne tireras jamais un sou, jamais. Et remarque que c'est du papier, ça, du papier signé par des gens d'ici ou des environs. Et si cet argent-là ne rentre pas, comment feras-tu pour toucher celui que ton père prêta de la main à la main?

— Mais... la liquidation? hasarda Jacques.

— La liquidation? Eh bien, voilà ce qu'elle produit, la liquidation.

Et revenant à son bureau, il se rassit, fouilla quelques papiers puis, remettant ses lunettes sur son nez :

— Voilà! La vente de soies, tant celles en magasin que celles qui se trouvaient à la condition à Lyon, a produit cent quatre-vingt mille francs. Sur ces cent quatre-vingt mille francs, tu as à payer cent cinquante mille francs aux divers fournisseurs de ton père. Reste trente mille francs. Voilà ce qu'elle a produit la liquidation!

— Maintenant, ajouta le notaire après un temps, tu peux ne pas payer.

— Cela jamais! déclara Jacques.

— Je l'espère bien! Tu ne serais pas le fils de ton père, si tu agissais autrement!

Il se fit encore un silence, long comme une éternité.

(A suivre).

Paris. — Imp. PAUL DUPONT (Cl.).

www.ingramcontent.com/pod-product-compliance
Ingram Content Group UK Ltd.
Pitfield, Milton Keynes, MK11 3LW, UK
UKHW020446180726
13839UKWH00004B/1657